Kirsten Boie

Erwachsene reden. MARCO hat was getan.

Verlag Friedrich Oetinger · Hamburg

© Verlag Friedrich Oetinger, Hamburg 1994
Alle Rechte vorbehalten
Einband: Titelbild Jutta Bauer
          Typographie Gesa Denecke
Gesamtherstellung: Clausen & Bosse, Leck
Printed in Germany 1994/II

ISBN 3-7891-3108-3

Wie wird einer ein Mörder?
Wie wird so einer ein Mörder?
Er hat es vorher nicht gewußt, noch Stunden vorher hat er nichts davon gewußt.
Er hat es nicht geplant: Er hat darüber geredet.
Eigentlich jeden Tag hat er darüber geredet. Er hat es nicht geplant.

Norman L., 17, Freund

Kein Kommentar, sag ich Ihnen doch. Kein Kommentar. Kein Kommentar, ihr Scheißer!
Mensch, könnt ihr einen nicht wenigstens – also leckt mich doch alle!

Friedhelm K., 54, Bürgermeister

Nehmen Sie doch Platz, bitte.
Ja, das ist jetzt nicht einfach zu sagen, sehen Sie, die Journalisten geben sich ja zur Zeit gegenseitig geradezu die Klinke in die Hand. Obwohl uns hier das nicht so ganz verständlich ist. Denn sehen Sie, mit uns hat diese ganze – sagen wir: unglückliche – Geschichte ja gar nichts zu tun. Der Junge ist, das will ich damit sagen, ja sonst doch gar nicht weiter auffällig gewesen. Im Zusammenhang mit unserem Ort, meine ich. Daß er ausgerechnet aus unserem Ort kommt – kommen mußte, möchte ich mal formulieren, denn wir bedauern diese unglückliche Geschichte natürlich alle sehr, das werden Sie glauben – das ist ja mehr ein Zufall. Und der Vorfall selbst ist ja hier auch gar nicht geschehen, insofern... Mit unserem Ort, so sollten Sie das meiner Meinung nach sehen, hat das Ganze eigentlich nur randständig zu tun. Es handelt sich mehr um einen Zufall.
Und natürlich das Elternhaus, ist zu vermuten, aber so ein Elternhaus können Sie natürlich in jedem Ort vorfinden, das hat, möchte ich mal formulieren, doch mit

unserem Ort und seinen Bewohnern wenig zu tun. Trotzdem sind wir natürlich zu Auskünften jederzeit bereit, Sie sehen ja. Ich fürchte nur, Sie wenden sich damit an die falsche Adresse. Hier werden Sie kaum etwas finden, was diese unglückliche Geschichte aufhellen könnte, aber bitte. Und uns ist natürlich daran gelegen, das brauche ich Ihnen ja nicht extra zu sagen, daß unser Ort nicht ständig durch die Medien – in den Medien nicht ständig durch den Dreck gezogen wird. Diesen Rummel halten wir, ehrlich gesagt, für unangemessen.

Gut, Sie haben selbst gesehen, wir sind eine kleine Stadt, am Rande noch ländlich geprägt. Sie sehen ja selbst, bei uns sieht es keineswegs so aus, wie man sich das in Ihren Räuberpistolen vielleicht so vorstellt. Gepflegt, alles, wir legen großen Wert darauf, daß man sich bei uns auch wohl fühlen kann, also die Grüngürtel, alles wird regelmäßig gepflegt. Sie werden auch nicht viel Unrat auf den Gehwegen angetroffen haben oder Vandalismus in einer Form. Und diese Schicht, aus der diese Jugendlichen ja größtenteils... Sie sehen ja selbst, die ist kaum vertreten bei uns. Mietwohnungen ein paar natürlich am Schillerstieg, dann die Häuser am Hinteren Berg. Da war unser Bebauungsplan also sehr – rigide.

Und der Ortskern. Den traditionellen Ortskern haben wir saniert, das war der Stadt sehr wichtig quer durch alle Parteien hindurch. Ein Ort braucht ein Gesicht, Sie sehen ja selbst.

Natürlich, ja, Pendler zumeist. Also, Landwirtschaft

spielt nur am Rande eine Rolle, dann das Gewerbegebiet – meine Sekretärin kann Ihnen nachher gerne eine Aufstellung... Aber die meisten sind natürlich Pendler, über die Autobahn brauchen Sie ja nur knapp eine dreiviertel Stunde bis in die Stadt.

Ja ja, haha, wenn kein Stau ist, wem sagen Sie das, ein Elend und verschlimmert sich immer weiter – wir haben einen Antrag gestellt beim Kreis, daß etwas geschieht, das Anschlußstück bis zur Autobahn müßte dringend – gut. Also, wie Sie sehen, eine dreiviertel Stunde nur, und das hat in den letzten Jahren dann doch auch immer mehr Bürger angezogen, die schöne Lage, relativ ruhig noch, Wald und Natur, keine Hochhäuser, gute Luft und sozial, wenn Sie mir diese Formulierung erlauben, doch auch noch alles in Ordnung. Also diese Ausländerfeindlichkeit, bei uns kann der Junge sich die eigentlich überhaupt nicht... Es gibt ja keine Ausländer, verstehen Sie? Diese Altstadtviertel – vielleicht machen Sie mal kurz Ihr Mikro aus, ich will nicht falsch zitiert werden nachher – aber Sie wissen doch selber: Diese Altstadtviertel in den Großstädten, natürlich können die Türken nichts dafür, daß sie so beengt wohnen müssen, und sie kommen aus einer völlig anderen Kultur, kein Vorwurf also jetzt gemeint: Aber natürlich könnte ein Jugendlicher, der da in direktem Kontakt leben müßte – daß sich da Abneigungen entwickeln können... Ich lehne das ab, verstehen Sie, ich lehne das aufs schärfste ab! Aber ist das nicht erklärlich?

Aber hier bei uns, sehen Sie sich doch hinterher gerne selber um! Das ist kein Milieu, in dem so etwas sprießen könnte. Dazu fehlt ja praktisch der direkte Kontakt.

Martin K., 16, Nachbarjunge

Marco? Ich glaub nicht, daß ich da die richtige Adresse bin.
Ja, natürlich, der hat ja gleich neben uns gewohnt. Aber deshalb hab ich doch noch lange nichts mit dem zu tun gehabt. Mit dem hatte ich wirklich nichts zu tun.
Ja, klar, früher. Als wir jünger waren. Aber da eigentlich auch nicht richtig. Der war mir echt zu blöde.
Also, wo Sie mich jetzt schon mal dran haben, gut, also ich kann versuchen, das...
Der war ja gar nicht so viel jünger. Aber wir haben trotzdem nicht viel zusammen gespielt, früher. Mit Marco ging das nicht so gut. Mit dem konnte man nicht spielen irgendwie.
Nein, das ist jetzt blöd, weil das so klingt, als ob ich da nachträglich – wo er da den Scheiß gebaut hat. Aber es stimmt einfach. Da können Sie hier jeden fragen.
Der Marco, also, wie wir klein waren, echt, der hatte echt nur Scheiße im Kopf. Anders kann man das echt nicht sagen. Der hat ja auch nie – wenn wir was gespielt haben, zum Beispiel, da hat der nicht mitgemacht. Der hatte irgendwie immer was Wichtigeres vor.

Was der dann gemacht hat, weiß ich auch nicht. Also viel Scheiß wohl. Mein Fahrrad hat er paarmal die Ventile rausgeschraubt, Sattel aufgeschlitzt, solche Sachen. Man konnte ihm das ja auch oft nicht beweisen, zugegeben hat der nie was. Schlechtes Gewissen, so was kannte der nicht.

Wie wir kleiner waren, dann, da ist meine Mutter zwei-, dreimal bei seiner Mutter gewesen, wenn er wieder was mit meinem Fahrrad gemacht hatte oder Klamotten versteckt – also er hat einem immer die Klamotten versteckt nach dem Sport, das kannten wir nachher schon. Da ist meine Mutter hingegangen dann zu seiner Mutter und hat ihr das gesagt. Wegen Ersatz oder was, ich weiß nicht. Daß die das bezahlen sollten oder wie. Die hat dann den Marco gefragt: »Marco, hast du das getan?«

Und der hat gesagt – das war ja klar, oder? Wenn er wußte, er kommt so leicht damit weg – »Nee, ehrlich nicht, Mama, schwör ich dir!«

Und sie hat dann gleich – sie hat ihm das immer geglaubt.

»Sie hören es ja«, hat sie gesagt. »Haben Sie Beweise?«

»Warum sollte Marco denn lügen?« hat sie gesagt. »Meine beiden Großen haben auch nicht gelogen.«

Was ja auch stimmt, übrigens. Die sind ganz nett, Bernd und Sven. Eigentlich komisch.

Also, meine Mutter hat es dann noch paarmal versucht, aber es war immer dasselbe. Da mußte ich eben besser auf mein Fahrrad aufpassen. Später hab ich immer den Ärger gekriegt, wenn die Ventile gefehlt haben.

»Du weißt genau, daß der Marco das macht, warum stellst du das Rad nicht in die Garage?« Also, meine Mutter hat dann immer mir die Schuld gegeben, ich hatte nachher richtig einen Haß auf den Marco. Der hat Scheiß gemacht, und ich hab Ärger gekriegt, weil ich nicht gut genug aufgepaßt hab. Das war doch ungerecht! Das finde ich heute noch ungerecht.
Und gekriegt hat der auch immer alles. Wenn die Sachen in der Werbung waren, gleich hat Marco sie gehabt. Auch teure Sachen, Computerspiele, CDs, Klamotten, was es so gab. Ich hab gedacht, die sind reich, damals hab ich das echt gedacht. Ich mußte immer warten, bis Geburtstag war oder Weihnachten oder was weiß ich – und der brauchte bloß rumzubrüllen, daß er das aber haben will und daß seine Eltern geizig sind, schon hat er das gekriegt. Seine Mutter hat zu meiner Mutter gesagt, jetzt können sie es ja, bei den beiden Großen, da ging das noch nicht, da war das Geld noch knapp, aber jetzt können sie es ja, und da soll der Kleine auch seine Freude haben. Echt wahr jetzt!
Ich hab manchmal gedacht, wie ich klein war, mein ich, meine Eltern, die haben mich gar nicht lieb. Immer so streng mit mir, fand ich damals, und der Marco, der durfte alles und kriegte nie Ärger. Die hatten den viel lieber, hab ich gedacht, seine Eltern den Marco. Blöd, wie kleine Kinder so denken.
Aber wenn ich geschrien hab: »Ich will das aber, ich will das haben!« und was weiß ich, mit dem Fuß aufgestampft oder so, dann kam eben gleich: »Geh du mal

lieber in dein Zimmer, bis du dich wieder beruhigt hast.« Immer haben sie mich bloß in mein Zimmer geschickt.
Und der Marco, wenn der geschrien hat: Dann hat sie zurückgeschrien, erst, seine Mutter; und fünf Minuten später sind sie zum Auto gegangen und losgefahren, den Scheiß kaufen, wegen dem das Geschrei war. Ehrlich jetzt. So ist mir das jedenfalls vorgekommen damals. Ich hab also so einen Haß gehabt.
Also, der Marco, daß der den Scheiß jetzt gebaut hat, weil es ihm dreckig ging, das lassen Sie sich mal von keinem erzählen. Dem ist es noch nie dreckig gegangen. Der hat nur immer dafür gesorgt, daß es anderen dreckig geht.

Hubert S., 42, Klassenlehrer

Ja, ja, ich bin ja froh, darüber reden zu können! Als Sie vorhin anriefen, hab ich sofort... Ich glaube schon, daß ich da, als der Lehrer, als der Klassenlehrer, daß ich dazu einiges zu sagen habe. Einiges. Was manchem auch nicht passen wird. Aber darauf kann man in so einer Situation sicher keine Rücksicht nehmen. Da haben wir alle ja auch eine Verantwortung, das aufzuklären. Schon im Interesse der Zukunft, wenn ich mir die jüngeren Klassen ansehe...
Tee?
Gut, also der Marco, das werden Sie ja schon gehört haben, oder? Ich bin ja nicht der erste, den Sie fragen, sicherlich. Darum ist es mir ja auch so wichtig, hier mal einiges geradezurücken...
Ach so, nein, nur Zitrone, leider – aber soll ich vielleicht schnell...?
Gut, also der Marco, den hab ich ja noch gar nicht so lange. Der kam ja erst, Ende der Achten kam der ja erst zu uns von der Realschule, da hatte er ja schon diese traurige Karriere hinter sich, wenn ich das mal so nennen soll. Ende der Achten, das ist ja dieses beliebte

Spiel, schnell noch vor der Versetzung die Schulform wechseln, um nicht wiederholen zu müssen, wir kriegen da jedes Jahr so zwei, drei. Manchmal schon auch so traurige Fälle wie den Marco, die die ganze Leiter runter sind, mit denen ist es dann immer besonders schwer klarzukommen. Es gibt tatsächlich Kolleginnen bei uns, die gehen also freiwillig schon gar nicht mehr in die Oberstufe.

Ja, ich hatte in dem Schuljahr hier also auch erst gerade angefangen, Anfang der Achten hatte ich die Klasse übernommen, ich war vorher fast fünfzehn Jahre in der Stadt. Das ist ein Wechsel, das können Sie zu Anfang gar nicht glauben. Bis Sie merken, daß auch hier die heile Welt unter der Oberfläche nicht so ganz – an einer Hauptschule merkt man das natürlich besonders. Die Kinder hier, die gehen doch nach der Vierten alle weg, Gymnasium, Real – wer hierbleibt, der ist ja geradezu behaftet.

Und *so* blöd, daß sie das nicht wüßten, sind unsere Jungs ja nun auch nicht. Und die Mädchen. Parias, obwohl das hier natürlich jeder leugnet. Bei uns ist ja alles Idylle.

Ich hab mal mit den Jungs, zu Anfang war das, da war ich noch neu, und da dachte ich: Mensch, so nette Schüler! Und so kleine Klassen! Also da kannst du doch wirklich was auf die Beine stellen. Da wollte ich also ein Projekt mit denen machen, revueartig so, das sollten sie dann beim Schulfest aufführen. Oder im Rathaussaal, irgendwo, ich dachte: daß sie mal was auf die

Beine stellen, wo sie drauf stolz sein können vor dem ganzen Ort. Daß wir uns bekennen, sozusagen: Wir sind die Hauptschule, und guckt mal, was wir euch zu bieten haben! So hatte ich mir das gedacht, ungefähr.
Aber glauben Sie, das hätte geklappt? Die hätten da mitgemacht, obwohl das im Deutschunterricht war, also die sollten nicht nachmittags extra zu Proben kommen oder was, nur statt Grammatik sollte das sein, statt Rechtschreibung, ich hatte also ernsthaft schon damit gerechnet, daß ich von der Schulleitung ordentlich einen Rüffel kriegen würde deswegen, weil ich den Lernstoff – aber so weit ist es eben überhaupt nicht gekommen. Die haben sich verweigert, allesamt, sogar die Mädchen, obwohl die natürlich zu Anfang den Gedanken, da so in tollen Klamotten auf der Bühne zu stehen, geil fanden.
Aber dann nicht mehr. Also aufführen wollten sie nicht, da hat es auch nichts geholfen, daß ich gesagt hab, die vom Gymnasium, die Theatergruppe, die macht doch auch jedes Jahr im Rathaus ihre Aufführung: äääh, die Gymmis! Das sind doch sowieso alles Lutscher.
Und wie gesagt, ich glaube nicht, daß das aus Faulheit war. Das war ihnen nur einfach zu peinlich, da in der Öffentlichkeit aufzutreten als Team von der Hauptschule. Die wollten sich einfach nicht outen. Die halten sich lieber bedeckt.

Silke K., 51, Grundschullehrerin

Ich weiß jetzt gar nicht, ob ich Ihnen überhaupt behilflich sein kann.
Verstehen Sie, das ist doch alles schon Jahre her, und…
Natürlich erinnere ich mich an den Marco. Wer den Marco mal kennengelernt hat, der erinnert sich auch an ihn. Obwohl er eigentlich gar nicht…
Ja, das waren die ersten vier Grundschuljahre, da hatte ich den Marco in meiner Klasse. Ich hab dann auch ziemlich schnell gemerkt – ich hatte ja schon seine beiden Brüder gehabt, und da hab ich dann doch ziemlich schnell gemerkt, daß der Marco, daß der also anders war. Das ist jetzt nicht nur so nachträglich hineininterpretiert, weil er jetzt diese schreckliche Tat begangen hat, das hab ich damals schon immer so gefunden. Aber genau sagen, was nun war, das hätte ich sicher nicht können. Das nun gerade nicht.
Ja, seine Brüder, den Bernd, den hatte ich damals schon – fast zehn Jahre waren das, fast zehn Jahre vor Marco muß das gewesen sein, er ist ja sehr viel älter. Das war mehr so ein ganz Ruhiger, ein ziemlich unauffälliges Kind eigentlich, also an den Bernd könnte ich mich

heute bestimmt nicht mehr erinnern, wenn aus der Familie nicht immer wieder welche nachgekommen wären. Da vergleicht man dann ja doch, und da bleibt dann natürlich auch die Erinnerung.

Ein Fußballer vor dem Herrn, das war der Bernd, den haben Sie nie anders gesehen als mit einem Ball oder wenigstens einer Coladose am Fuß. In der Klasse war der nicht auffällig, also mehr so ein Kind, das einem als letztes einfällt, wenn man die Jungs aus der Klasse aufzählen soll.

So besonders hell eben auch nicht, als es dann an die Empfehlungen ging, in der vierten, Gymnasium, Hauptschule, Realschule, da konnten wir ihm nur eine knappe Realschulempfehlung geben. Und die Eltern sind dann eben auch vernünftig genug gewesen, sich daran zu halten, es ging ja damals sonst alles fast zum Gymnasium.

Wieso? Ja, das hängt natürlich mit der Bevölkerung hier zusammen, Sie haben sich ja sicherlich schon umgesehen. Viel Zuzug aus der Stadt, aufstrebende junge Familien, will ich das mal nennen. Also das bestimmt hier doch sehr das Klima im Ort. Und die sind dann ja auch alle sehr für ihre Kinder bemüht, da ergibt es sich dann.

Für den Bernd war das aber keine – ich hatte damals nicht das Gefühl, daß das für ihn eine Katastrophe war. Der war mehr so ein in sich ruhendes Kind, und dann hatte er ja auch seinen Fußball. Da hat der die Realschule durchlaufen, ohne Probleme, soweit ich weiß,

und dann diese Elektrikerlehre. Wissen Sie, das hätte man dem so in der Art schon in der ersten Klasse voraussagen können, so ein Kind war das. Irgendwie so einen Lebensweg. Alles solide und vernünftig. Jetzt will er wohl noch seinen Meister machen, hab ich gehört, das wird er auch sicherlich, das paßt zu ihm. Alles Schritt für Schritt und stetig auf ein Ziel zu ohne jede Aufregung.
Ja, dann kam als nächstes der Sven, so zirka fünf Jahre später war das wohl, knapp gerechnet, das war nun ein anderes Kind. Sie haben dann ja Erwartungen, wenn Sie eins schon kennen aus der Familie, verstehen Sie, und natürlich hatten wir da alle den Bernd im Hinterkopf. Aber der Sven war dann doch ganz anders.
Der Sven war – wie soll ich das beschreiben? Mehr so ein unruhiges, hippeliges Kind, also in dem war er dem Marco schon irgendwie ähnlich. Und auch kein Fußball, also überhaupt nicht, aber dafür doch eigentlich ganz helle. Der hat sich für alles interessiert, das weiß ich noch heute, auch so skurrile Sachen – der kam fast jeden Tag mit irgendeiner Geschichte an, die er irgendwo gehört hatte, und wollte das dann erklärt haben. Er hat sich auch immer die Sachbücher mitgenommen aus der Klassenbücherei, das weiß ich noch wie heute, daß ich mich dann gefragt hab: Liest der das alles denn überhaupt?
Aber der hat das gelesen, das fiel ihm ja leicht, ob es nun um Raumfahrt ging oder um Saurier oder um was. Der Sven war da unersättlich, der wollte alles wissen.

Wir haben ihm dann auch die Empfehlung gegeben, ich weiß noch, wie ich hier mit den Eltern gesessen habe und hab darüber geredet, auf welche Schule er nun sollte. Sehr vernünftige Leute, so hab ich sie aus dem Gespräch in Erinnerung, wollten natürlich das Beste für ihr Kind, aber nicht unvernünftig.
Und er hat es ja auch gepackt, hab ich gehört, ohne Ehrenrunde, ganz problemlos offenbar. Das hätte ich auch so gedacht.
Er soll wohl Zierfische züchten, irgendeine ausgefallene Art, hab ich mal gehört. Das hab ich auch sofort geglaubt. Weil das also genau zu ihm paßt. Verrücktes Hobby, irgendwie ungewöhnlich, aber nicht zu sehr. Das ist typisch Sven.

Maren F., 32, Nachbarin

Also das muß ich jetzt doch zuerst mal – also steht das denn wirklich fest? Ich meine, das ist ja bekannt, das hört man doch immer wieder, daß einer – vor allem so ein junger Mensch, nicht? –, daß der dann durchdreht, alles gesteht, wenn die Polizei ihn nur fest genug in die Mangel nimmt. Das hört man doch immer wieder, oder?
Also für mich, also solange der nicht verurteilt ist, der Marco, so lange ist der für mich auch unschuldig. Das wollte ich also gleich vorneweg mal sagen.
Weil ich mir das nämlich gar nicht vorstellen kann, daß der das getan haben soll, also so, wie ich den Marco kenne, da paßt das überhaupt nicht zu ihm. Natürlich hat man da mal was gehört, das können Sie sich ja vorstellen, daß da geredet wird in so einer Nachbarschaft, aber ich hab das nie so richtig geglaubt. Das hab ich auch immer gesagt, da leg ich auch Wert drauf.
Ja, woher ich ihn nun kenne – das hat sich einfach so ergeben. Sie sehen ja selbst, wir haben da den Kleinen, und das war also sozusagen – als wir herzogen vor einem Jahr – da war das gleich sozusagen Liebe auf den

ersten Blick. Der hat den Marco gesehen, gleich am ersten Tag, glaub ich, muß das gewesen sein, ich hatte ihn da vor die Tür geschickt – dazu zieht man ja schließlich ins Grüne, nicht? Daß die Kinder also ungefährdet draußen spielen können, und da hat er dann wohl den Marco gleich getroffen. Und, wie gesagt, gleich sich verliebt in den, so haben wir das immer gesagt, mein Mann und ich, das fanden wir auch richtig witzig, wie der Kleine dann immer gebrüllt hat, »Marco, Marco«, also da gab's für ihn nichts drüber.

Und der Marco, das fand ich eben auch so nett an ihm, der hat gleich ganz viel mit dem Kleinen rumgekaspert. Nicht so wie manche Jugendliche, wo es immer nur darum geht, cool zu sein, so war der Marco eben nicht. Der hat den Kleinen gleich auf sein Fahrrad gehoben, richtig auf den Sattel, und dann hat er ihn geschoben, lauter solche Sachen eben.

Darum haben wir ihn dann auch gefragt, ob er für uns babysitten will, ein-, zweimal im Monat, wir kannten ja hier sonst keinen. Natürlich haben wir zuerst auch überlegt, also normalerweise nimmt man für so was ja Mädchen, nicht? Aber dann haben wir uns gesagt, wenn der Kleine schon mal so auf den Marco abfährt – also den so mag, eben – warum denn eigentlich nicht? Und er hat auch gleich ja gesagt, und dann hat er das immer gemacht, zwanzig, dreißig Mark den Abend, je nachdem, wie lange es war. Cola haben wir ihm hingestellt jedesmal und Chips – was man so macht eben. *Kein* Bier, also das will ich jetzt doch auch noch mal sagen,

unbedingt, und auch kein anderer Alkohol, und da hat er natürlich auch nicht danach gefragt. Da war er ja noch viel zu jung. Und gefehlt hat hinterher auch bestimmt nichts, ich sag das nur, weil doch jetzt immer geredet wird, er hätte in betrunkenem Zustand – also wir kannten ihn so nicht. Wir waren sehr froh, ich will das noch mal sagen, daß wir so einen netten Nachbarjungen hatten.
Der Kleine fragt jetzt auch immer nach ihm, »Marco, Marco«, der fehlt ihm richtig. Und uns auch.
Und darum können wir es auch gar nicht glauben. Und mein Mann auch nicht.

Sigurd J., 17, Freund

Ja, ich hab den Marco gekannt, mehr so flüchtig. Das kann jeder wissen. Das weiß auch jeder.
Klar ist der zu unseren Treffen gekommen, da kann jeder kommen. Wir sind eine nationale Bewegung, und die wächst. Sehen Sie ja selber.
Aber solchen Scheiß, also was der Marco da gemacht hat, das lehnen wir entschieden ab. Das lehnen wir aufs entschiedenste ab, können Sie meinen Vater fragen.
Klar wollen wir nicht so viele Ausländer, aber deshalb zünden wir sie noch lange nicht an. Das würde der Bewegung in der Öffentlichkeit erheblichen Schaden zufügen, wenn sie mit so was in Verbindung gebracht würde. Mein Vater hat also schon eine Erklärung aufgesetzt, daß die Partei solche Ausschreitungen verurteilt. Sonst kauft doch kein Mensch mehr bei uns.
Ja, erstes Lehrjahr Einzelhandelskaufmann. Ich steh das auch durch bis zum Schluß, obwohl das öde ist, aber ich halte nichts von Arbeitslosen und Pennern. Vernünftigen Beruf braucht der Mensch, und dann Frau und zwei Kinder, nette Nachbarschaft, so ungefähr. Nee, noch nicht jetzt, das würde mich ja wohl voll anöden. Aber später mal. Darum halte ich das jetzt auch durch.

Die Drogerie, ja klar übernehm ich die, wenn es die dann überhaupt noch gibt. Drogerie hat ja keine Zukunft. Haben Sie mal in die Supermärkte geguckt, die haben doch alles. Anderthalb, zwei Gänge, da können Sie das alles kriegen. Haarfärbe- und Waschmittel und Scheißhauspapier. Und das sind Preise, da kann mein Alter nicht mit. Da könnten wir gleich verhungern.
Also zu uns, da kommen sie nur noch wegen Parfüm vielleicht oder Nagelschere, das andere lohnt gar nicht mehr. Drogerie in so 'ner kleinen Stadt, da gehen nur noch die Billigmärkte. Also das hat keine Zukunft.
Die Ausländer? Also logisch, hat das was damit zu tun, die kaufen doch sowieso nur, wo's billig ist, am besten noch Flohmarkt. Qualität ist für die doch ein Fremdwort, die kaufen jeden Scheiß, wenn der nur billig ist. Da können sich qualitätsbewußte Läden eben nicht halten, die müssen ja natürlich teuer sein. Also die Kanaken machen uns kaputt.
Das können Sie auch ruhig schreiben.

Klaus-Peter W., 54, Tankstellenpächter

Wie sind Sie denn eigentlich auf mich gekommen, das würde ich ja schon gerne... Ach so, na gut. Also, ja, ich hab den gekannt, ich kenn ihn, muß ich wohl sagen, und wenn Sie mich fragen: Das war 'n ganz patenter Bengel.
Ja, kennengelernt hab ich den mehr so – das war also so ganz komisch. Das war, wie der immer gekommen ist – acht war er da vielleicht, zehn – Zigaretten kaufen.
Da hab ich dann ja doch bald den Braten gerochen.
»Und die sind alle für deinen Vater, was?«
Hat er also geschworen, Stein auf Bein, aber das waren immer andere Sorten, Marlboro, Camel, immer verschieden. Da hab ich ja gewußt: Der testet jetzt die Marken durch, der Bengel, also im besten Fall besorgt der die für irgendwelche älteren Freunde, aber wie der ausgesehen hat, eher nicht.
Was, kennen wir doch, oder? Haben wir doch auch mal gemacht, alles, gehört ja dazu! Aber gehört auch dazu, daß man denn auf gut deutsch vom Vater den Arsch dafür versohlt kriegt, hat mein Vater mit mir so gemacht, hab ich mit meinem Bengel so gemacht, aber hier: Das sah mir nicht danach aus.

Also, ich hab das ja paar Wochen beobachtet, das sah nicht so aus, als ob da zu Hause viel gekommen wäre, nicht? Ob die den Rauch nicht gerochen haben, ich weiß das nicht.
Ich sag also eines Tages: »Dein Vater raucht also jeden Tag 'ne andere Marke? Ist ja komisch.«
Kommt er so 'n bißchen ins Stottern, ja, nee, wär also nicht immer für seinen Vater, wär also auch für seinen Onkel, für seine Mutter wär das wohl auch...
Ich sag: »Hör zu, Junge, das kannst du deiner Oma erzählen, und wenn du das nächste Mal kommst, bring'n Zettel mit von deinen Eltern, was du kaufen sollst. Sonst kriegst du bei mir keine Zigaretten mehr. Alles klar?«
Hat der natürlich so 'n bißchen gemault, daß das alles nicht stimmt, na, so haben wir ja früher auch geredet, nicht?
Ich sag: »Komm, ich muß da 'n Reifen wechseln, hat so 'n junger Schnösel gebracht, der will sich nicht die Finger dreckig machen, das macht dir doch wohl nichts aus, oder?«
Nee, machte ihm nichts aus, haben wir also zusammen den Reifen gewechselt, na ja, zusammen, nicht? Und er hinterher ganz dreckige Pfoten, aber stolz wie 'n Schneekönig.
Ich sag, wenn du helfen willst, kannst du jederzeit vorbeikommen, also wer helfen will, ist hier immer gerne gesehen. Wer raucht, nicht.
Ja, so haben wir uns also kennengelernt, damals. Kann

ich selber nicht sagen, wieso ich den Bengel so mochte. Vielleicht, weil ich als Junge selbst so 'ne Rotznase war, so 'n Bengel war das, frech und ziemlich clever, dem hätte mal ab und zu der Hintern versohlt gehört, dann hätte der das jetzt, wenn Sie mich fragen, dann könnten diese Türken da noch leben.

Nicht, daß ich also jetzt groß für Türken schwärme. Aber muß ja nicht sein.

Frank W., 32, Sozialarbeiter in der Jugendfreizeitstätte

Was? Was?
Warten Sie mal eben, Sie können sich schon setzen, ich muß nur noch mal schnell wegen dem Fußballturnier am Wochenende...
Was?
Wieso kann er nicht? Der hat doch immer... Ja, okay, okay, dann müßt ihr das eben regeln. Du siehst doch, ich hab hier ein Gespräch. Ich kann da jetzt nicht – ja, genau. Nachher komm ich rüber. Wir klären das nachher.
So, ja, Sie sehen ja selber. Hier ist Betrieb. Richtig Ruhe, das können Sie hier suchen.
Aber so soll es natürlich auch sein. Das beweist ja schließlich, daß der Club angenommen wird von den Jugendlichen. Ein Jugendclub, in dem Ruhe herrscht, also da kann es einen dann grausen. Der wird dann nicht angenommen von den Jugendlichen. Die hängen da statt dessen irgendwo in den Ecken, und was dann daraus wird...
Wegen dem Marco sind Sie hier, natürlich. Ja, selbstverständlich ist der hier gekommen. Vielleicht nicht ge-

rade ganz regelmäßig, also sozusagen zum Stammteam, da hat er nicht gehört. Aber gekommen ist er schon. Und dann mit diesen anderen meistens, Norman und Sigurd und Poffatz – also diese ganze Clique da, das werden Sie ja schon rausgekriegt haben.

Und wir waren ja auch ganz froh darüber, darin sehen wir ja auch unseren Auftrag. Das ist ja auch unsere Aufgabe, diese Jugendlichen da – gerade diese Jugendlichen aufzufangen. Die haben ganz gerne Billard gespielt. Deswegen sind sie hauptsächlich gekommen, eigentlich.

Wir haben uns gesagt: Wenn sie hier nicht sind, wo sind sie dann? Dann sitzen sie irgendwo und trinken Bier. Das gibt es ja hier bei uns nicht, Tee ist immer da, kostenlos, und dann eben der Automat, Cola, Fanta, Sprite. Aber die meisten wollen sowieso Cola.

Wir haben das natürlich gewußt, der Vater von Sigurd hat sich ja in seiner Partei sehr engagiert, also die Familie ist bekannt mit ihrer Einstellung. Da haben sie sich dann wohl auch öfter getroffen, der war wohl relativ spendabel, zum Teil, der Vater. Sie hatten da immer den Raum hinter dem Laden und Bier wohl satt. Wenn man das alles glauben kann, heißt das.

Wir haben das auch mit einer gewissen Beunruhigung gesehen, aber machen konnten wir ja wenig. Wir haben das auch mehr so für Spielerei gehalten, Sie müssen bedenken, wir kennen die Jungs ja jahrelang. Ich bin seit vier Jahren hier, da konnte man schon merken, wie sich das entwickelt.

Bei Sigurd natürlich sowieso – aber auch bei den anderen. Immer so Sprüche drauf, die wären früher – da war das einfach nicht so. Die übernehmen das doch auch, das ist ja nicht in ihren eigenen Hirnen gewachsen.

Also bei Sigurd, da kann man ja noch sagen, gut, die Familie, der hat das von seinem Vater, und die anderen in der Clique, der Poffatz und eben auch der Marco: Die haben das dann eben von ihm.

Aber das sind ja nicht die einzigen, verstehen Sie, da lügt man sich ja in die Tasche. Die andern klopfen ja auch solche Sprüche, und die haben eben keine Eltern, die – also so einfach ist das alles nicht. Das ist ja auch so eine Mode jetzt, das finden sie cool, solche Sprüche, und dahinter ist dann nur heiße Luft.

Ich meine, Sie müssen doch nicht denken, daß da jeder von unseren Jugendlichen hier, jeder der Ausländerwitze reißt oder auch mal einen Aufnäher hat, »Deutschland den Deutschen«, daß der deswegen gleich ein Nazi ist. Oder die Glatzen, zum Beispiel.

Das ist doch auch – da müssen Sie erst mal ganz gelassen mit umgehen, die wollen doch nur provozieren damit, und das ist es. Vor zwanzig Jahren hätten die eben linke Sprüche gehabt. Jetzt haben sie rechte.

Da müssen Sie manchmal einfach wegguken, wenn Sie das sehen, wenn Sie die Aufnäher sehen, zum Beispiel, da müssen Sie den Jungen sehen, der dahintersteckt, und das kann dann oft ein ganz netter Typ sein. Der braucht das nur mal gerade für sein Ego.

Und da müssen Sie dann aufpassen, daß Sie den nicht

blöde anquatschen – anreden, von wegen Nazi oder so. Und sich höllisch aufregen. Das will der ja bloß.

Und wir sagen uns – wir haben da ja reichlich darüber geredet im Team, das ist ja unser Hauptthema doch zur Zeit, können Sie sich ja denken – wir sagen uns: Einer, den man oft genug Nazi nennt, der wird dann auch einer. Wir nennen hier so schnell keinen Nazi, das hat sich auch bewährt.

Diese Über-Aufgeregtheiten jetzt, das ist ja albern. Vorher jahrelang nichts für die Jugendlichen tun, und dann plötzlich die lauten Hilfeschreie. Da ist doch was kaputt in der Gesellschaft.

Also der Marco, ja – gut, das wissen wir jetzt, daß es bei dem nicht nur Sprüche waren. Wir hatten eigentlich gedacht, wir kennen ihn. Aber gut, das hat sich jetzt gezeigt, daß das falsch war, daß wir das falsch eingeschätzt haben.

Nur, was hätten wir denn machen sollen, sagen Sie doch mal?

Silke K., 51, Grundschullehrerin

Ja, und das ist mit dem Marco dann also alles anders gewesen.
Zuerst hab ich noch gedacht – weil das so ein kleiner, niedlicher war; und Charme hat der gehabt! Wenigstens so im ersten Jahr – daß er mich also sehr stark an den Sven erinnert. Dieses Hippelige eben, und viel geredet – aber dann hab ich doch ganz schnell gemerkt: Das war anders bei ihm. Erst mal natürlich von den Leistungen her schon, also da war nicht so sehr viel zu holen. Und die Hausaufgaben hat er dann auch nur selten gemacht, das war immer mehr so, als wenn das eine Zumutung wäre, verstehen Sie? Unglaublich, daß ich das hier machen soll! Unglaublich, daß sich jetzt auch noch jemand beschwert, wenn ich das nicht mache! Was glauben Sie denn, wer Sie sind?
Da war er in der zweiten Klasse, da sagt er zu mir: »Das ist doch wohl meine Sache, ob ich die Hausaufgaben mache oder nicht!«
Ich hatte ja die Eltern noch ganz gut in Erinnerung, also ich hatte da dieses positive Bild, da hab ich die Mutter dann angerufen, irgendwann. Ich wollte das mit ihr besprechen, da sagt sie zu mir: »Aber da kann ich dem

Marco nur recht geben. Ich erziehe ihn zur Selbständigkeit und zur Selbstverantwortlichkeit. Wenn er was verbaselt, dann muß er eben auch die Konsequenzen tragen. Dann müssen Sie ihm eben die Konsequenzen zeigen.«
Ich hab versucht, ihr zu erklären, daß mein Anruf bei ihr schließlich schon eine Konsequenz wäre und daß ich eben auf Zusammenarbeit gehofft hätte. Und wie sie sich denn die Konsequenzen vorstellt, wenn er Zusatzaufgaben genausowenig macht wie die ursprünglichen Hausaufgaben. Und einfach nur freche Antworten gibt, so im Stil von: Werden wir ja sehen, ob ich das mache!
Da sagt sie also zu mir, schließlich wäre *ich* ja die Pädagogin, *ich* hätte schließlich die pädagogische Ausbildung, dann sollte ich das ja wohl wissen. Und wenn ihr Sohn Strafarbeiten verweigere, dann könne sie das nur unterstützen, Strafen lehne sie auch ab, in jeder Form, das hätte sie ihrem Sohn auch vermittelt, Strafen wären ein pädagogisches Armutszeugnis, und da wäre sie sogar ganz froh, wenn er Rückgrat zeige und keine Strafarbeiten mache.
Also! Nach dem Gespräch hab ich erst mal einen Cognac getrunken, glauben Sie das? Da wird immer von vertrauensvoller Zusammenarbeit zwischen Schule und Elternhaus geredet, und dann...
Ich hab mir also gesagt, gut, muß sie wissen. Ich hab ihr berichtet, was los ist, die Konsequenzen muß sie dann eben auch tragen.

Wobei die Frage ist: Was sind die Konsequenzen? Natürlich hat er schlechte Arbeiten geschrieben, mündlich war auch nichts, nur mit den frechen Antworten, da war er vorneweg. Eigentlich die gleichen Sprüche wie die Mutter, so in der Art: »Was anderes als Strafarbeiten fällt Ihnen wohl nicht ein!« Die Schiene eben. Ein paarmal hab ich ihn zum Schulleiter geschickt, gebracht hat das auch nichts.

Da hab ich mich dann eben gewöhnt. Ich meine, als Lehrerin haben Sie immer ein paar Schüler, da hilft nichts als Gewöhnung. Da sagen Sie sich irgendwann, es dauert ja nicht ewig, nach der vierten Klasse, spätestens nach der neunten, bist du ihn los. Und da regt man sich dann auch nicht mehr auf, das ist Überlebenstraining. Da läuft es dann alles so an einem ab, hat keine Hausaufgaben, macht keine Strafarbeiten, gibt freche Antworten – okay. Wenn das von diesem Schüler kommt, bleibt der Adrenalinspiegel unten. Irgendwie, das könnte man schon so sagen, hat man den innerlich abgeschrieben.

Ja, natürlich ist das traurig. Ich versuch ja auch nur zu erklären, wie so was läuft. Schule, das kann ich Ihnen sagen, ist sowieso manchmal ziemlich traurig. Sogar hier bei uns.

Rüdiger Poffatz, 14, Freund

Nee, wir sollen nicht reden! Wir sollen nicht reden, hat der Anwalt gesagt. Ist doch sowieso alles gelogen, was der Marco jetzt erzählt! Der hat doch immer schon gelogen. Können Sie alle fragen, der hat schon immer gelogen, wenn ihm das gepaßt hat.

Mein Freund? Nee, also bestimmt nicht. Nee, also der Marco bestimmt nicht! Auf den hätte ich mich nie verlassen, echt, das ist ja ein Freund, wo man sich drauf verlassen kann. Auf den Marco, da konnte man sich echt nicht drauf verlassen, also der war höchstens mehr so ein Kumpel. Vielleicht.

Wegen der Clique? Wir sollen da nicht drüber reden, hat der Anwalt gesagt. Ich rede da auch nicht drüber. Ich hab da nichts mit zu tun. Wenn der Türken abfackelt, der Marco, muß ich da noch lange nichts mit zu tun haben.

Ich hab den schon immer Scheiße gefunden.

Hartmut K., 59, Schulleiter

Bitte nehmen Sie doch Platz.
Ja, wir sind alle zutiefst erschüttert, ich glaube, das Wort ist hier nicht übertrieben, darüber, was da geschehen ist. Und noch dazu von einem Schüler unserer Schule. Wir können es alle noch gar nicht richtig fassen. Die Schüler übrigens auch nicht.
Der größte Teil unserer Schüler ist ja, ich glaube, das brauche ich nicht extra zu betonen, von solchen Aktivitäten weit entfernt. Unsere Schüler lehnen das ab, sehr entschieden. Sie dürfen nachher gerne in einer Pause über den Schulhof gehen, damit Sie sich ein Bild von der Schülerschaft machen können: Das sind alles nette junge Leute, aus guten Elternhäusern zumeist, lassen Sie sich nicht dadurch täuschen, daß wir hier eine Hauptschule sind. Unsere Schülerschaft kommt aus gutem Haus, Ingenieure, leitende Angestellte, ein Zahnarzt, ein Anwalt, um nur ein paar Berufe zu nennen.
Ich sage das jetzt, weil es mir wichtig ist, daß in den Medien nicht so ein Bild verbreitet wird – aber Sie können sich ja umsehen. Das wird am ehesten ein schiefes Bild geraderücken, glaube ich.

Ja, wir sind nur eine kleine Schule, den größten Teil nimmt unsere Grundschule ein. Wir bemühen uns um eine solide Ausbildung, wir bedauern ein wenig, daß die Hauptschule so sehr als Restschule ins Gespräch geraten ist. Als Restschule würden wir uns nie verstehen. Wir versorgen ein anderes Schülerprofil, so würden wir es lieber definieren, wir bereiten vor auf ein Leben in einem anderen Berufsfeld, und in diesem Sinne halten wir auch Kontakt zu den Firmen in unserem Ort und im Umland. So haben wir schon viele schöne Kontakte vermitteln können, die Betriebe wissen, daß sie von uns solide ausgebildete Schüler bekommen, manche melden sich direkt, wenn sie Lehrstellen zu vergeben haben. Wenn sie Auszubildende suchen. Unsere Schule hat einen guten Ruf bei den Betrieben im Umland, in die Arbeitslosigkeit haben wir bisher nur wenige Schüler entlassen müssen, und die, auch wenn es heute nicht populär ist, so etwas zu sagen, sind meist selber schuld. Ein paar schwarze Schafe haben Sie immer dabei. Die haben wir an unserer Schule auch.
Natürlich sind da ein, zwei Schüler, das haben wir jetzt ja erkennen müssen. Aber die sind denn doch wohl eher die Ausnahme. Sehen Sie, an der Schule haben wir nie... Natürlich hat es ab und an Schmierereien gegeben, Hakenkreuze, das Übliche. Einmal stand in einem Umkleideraum in der Turnhalle – Sie sehen, ich bin ganz offen mit Ihnen, es gibt ja wirklich nichts zu verbergen bei uns –, stand da an der Wand: Judensau. Meier ist eine Judensau, glaube ich, Herr Meier ist Lehrer bei

uns, leider bei manchen Schülern nicht sonderlich beliebt.

Ja, wir sind dann natürlich sofort darauf eingegangen, im Unterricht ist darüber geredet worden: Was soll das bedeuten, Judensau? Und natürlich auf den allgemeinen Aspekt, also damit haben wir schon mehr zu schaffen, daß man natürlich keine Wände beschmieren soll. Das ist ja durch diese breiten Filzstifte, durch diese Eddings ist das ja sehr in Mode gekommen. Leider zum Teil auch bei uns, aber wir haben das doch sehr eindämmen können. Lack, zum Beispiel, hat es an unserer Schule noch nicht gegeben, mit Lack hat noch keiner gesprüht. Wir sind da eben eher noch ein bißchen hinter der Zeit zurück, eher noch ein bißchen verschlafen, fast möchte ich sagen: verträumt, wenn Sie das so mit der Großstadt vergleichen. Wenn ich in der Stadt manchmal die Schulen sehe, dann möchte ich immer sagen: Bei uns ist es fast noch ein Idyll, eine heile Welt.

Nicht, daß wir uns abschotten gegen Einflüsse, daß wir uns verschließen – aber bei uns geht es eben doch insgesamt noch ein bißchen ruhiger zu, im ganzen Ort auch, fast familiär. Jeder kennt jeden.

Für Exzesse ist da einfach kein Platz.

Hinnerk F., 42, Gemeindepastor

Ich kann nur hoffen, daß da dann ein fairer Bericht daraus wird.
Fair für den Marco, meine ich. Jetzt ist es für uns alle schließlich leicht...
Natürlich mache ich mir auch Vorwürfe, das werden Ihnen andere ja auch so gesagt haben. Die Eltern oder die Lehrer.
Vielleicht wäre das das richtige, daß wir uns jetzt alle zuerst einmal selber prüfen: Was habe ich unterlassen, was ich hätte tun können? Was habe ich getan, was ihn immer tiefer in diese – diese Verstrickung getrieben hat? Wir haben alle schließlich jahrelang mit ihm gelebt. Es ist ja nicht so, als ob so etwas von heute auf morgen passierte. So etwas hat immer eine Vorgeschichte. Eine lange Vorgeschichte. Die müßten wir uns ansehen, meiner Meinung nach.
Auch, damit unser Blick geschärft wird für die, die nachwachsen. Die auch in Gefahr sind wie er. Es sind doch die Jüngeren, um die wir uns kümmern müssen, meiner Meinung nach.
Verstehen Sie, was ich meine? Da gibt es jetzt diese Er-

regung über die Jugend, und zu Recht, natürlich, die Situation ist beängstigend – mehr Sozialarbeiter, mehr Streetworker, unbedingt! Aber wenn sie erst so weit sind, dann ist es ja schon fast – bei den Jüngeren muß man ansetzen, die stützen, die gefährdet sind, einen Blick dafür entwickeln.

Nun habe ich natürlich selber den Verdacht, daß ich das sage, weil sie zu mir erst kommen, in den Konfirmandenunterricht erst kommen, wenn sie älter sind, wenn das Kind also, nach meiner Theorie, fast schon in den Brunnen gefallen ist. Jedenfalls, um im Bild zu bleiben, hängt es dann schon gefährlich über dem Rand.

Aber selbst *da* ist es doch noch nicht abgestürzt, selbst da, ich bleibe mal im Bild, kann man es ja noch zurückziehen oder wenigstens – wenigstens! – dort am Rand sein Gleichgewicht stabilisieren. Wer mit Jugendlichen zu tun hat wie ich, ist nicht von der Verantwortung freigesprochen, im Gegenteil. Nur gilt es dann, um so schneller und um so sicherer zu handeln.

Was ja, wiederum im Bild, nicht immer leicht ist. Die Hand, die zu voreilig, zu heftig vorstößt, den Gefährdeten zu retten, kann ihn ja gerade auch hineinstoßen. Eine winzige Fehleinschätzung, dann ist es geschehen.

Vielleicht zögern wir deshalb so gerne, überhaupt etwas zu tun? Aus Angst, alles nur schlimmer zu machen? Jedenfalls können wir, das ist meine Überzeugung, uns niemals freisprechen von der Verpflichtung zu handeln.

Und da sehe ich natürlich auch mein Versagen, und das ist gar nicht so ganz leicht anzunehmen, glauben Sie mir. Der Gedanke, daß vielleicht schon eine Kleinigkeit von mir, ein richtiges Wort, eine Bitte, ein Lob, ein Auftrag, gerade dieses winzige – etwas hätte sein können, das ihn wenigstens *daran* gehindert hätte. Wenigstens *daran.*
Über alles andere mache ich mir ja gar keine Illusionen.

Silke K., 51, Grundschullehrerin

Na, und spannend ist es dann ja noch mal in der Vierten geworden. Natürlich hat der Marco seine Hauptschulempfehlung gekriegt, was sollten wir ihm sonst wohl auch geben? Schon wegen der Arbeitshaltung, aber auch so. Da war ja absolut gar keine Leistung.
Und dann sagt mir doch die Mutter, das interessiert sie überhaupt nicht, ich hätte ja selber gesagt, das Kind hätte nie seine Aufgaben gemacht, hätte nicht mitgearbeitet, da wäre mit besseren Leistungen wohl auch nicht zu rechnen gewesen. Wenn ich meinen pädagogischen Verpflichtungen nachgekommen wäre und ihren Sohn dazu gekriegt hätte, so zu arbeiten wie alle anderen auch, dann wären seine Leistungen wohl auch besser gewesen, und ob ich das bestreiten wolle? Und sie und ihr Mann sähen gar nicht ein, daß ihr Kind jetzt für mein pädagogisches Versagen zahlen und auf die Hauptschule gehen solle. Der käme aufs Gymnasium, weil sie überzeugt wären, wenn er da in die richtigen Hände käme und mitarbeiten würde und alles, dann würden sich auch seine Leistungen steigern.
Ja.

Nach dem Gespräch hab ich wieder einen Cognac gebraucht, glauben Sie das? Da ist mir nicht mehr viel eingefallen dazu.
Meine Güte!
Und dann hab ich mich gefragt, wieso hatte ich diese Leute so positiv in Erinnerung bei den beiden anderen Kindern, und die Antwort lautet: Weil da eben die beiden Kinder auch problemlos waren. Da gab's ja keinen Grund für Konflikte.
Und dann hab ich mich gefragt: Und wieso waren die beiden anderen so und der Marco jetzt so?
Und ich hab spekuliert und spekuliert, gerade jetzt auch nach der schrecklichen Tat, und die Antwort lautet: Ich weiß es nicht. Haben die Eltern die beiden Großen anders erzogen? Waren das ganz einfach von Anfang an andere Menschen? Ich weiß es nicht.
Ich weiß nur, daß mit dem Marco nichts anzufangen war. Von Anfang an.

Martin K., 16, Nachbarjunge

Ja, in der Fünften, weil wir da beide denselben Bus benutzen mußten jeden Tag, da hab ich natürlich noch mal mehr mit ihm zu tun gehabt. Notgedrungen, sozusagen.
Aber ich bin dann bald auch immer früher losgegangen, also ich hab nicht auf ihn gewartet. Und an der Bushaltestelle waren dann ja auch immer schon die anderen aus unserer Klasse, daß ich mit denen reden konnte. Also so nach ein, zwei Wochen, da bin ich schon nicht mehr gegangen mit dem.
Warum?
Kann ich jetzt gar nicht so sagen. Ich hab ihn einfach nicht gemocht. Und er hat ja auch immer so Scheiße gebaut, kann sein, ich hatte Angst, daß der mich da mit reinzieht. Das hat der ja immer gemacht, wenn er Scheiß gebaut hatte, Schuld auf andere geschoben. Immer behauptet, das wäre jemand anders gewesen, da war es schon besser, man war nicht in seiner Nähe.
In der Schule hat er dann erst mal versucht, sich anzuschleimen, da waren wir richtig erstaunt. Ganz anders als in der Grundschule, also höflich und alles, zuerst haben die Lehrer ihn alle geliebt, glaube ich.

Aber dann ist es ihm doch schnell zu anstrengend geworden. Das war ja auch ein Klopfer, wie die gleich losgelegt haben, in der Fünften, was wir da gleich machen mußten, Unmengen Hausaufgaben, alles. Also für mich war das ein echter Schock damals. Für Marco war der Streß natürlich nichts.

Aber das war da natürlich anders als auf der Grundschule, was sollten die denn machen, schlecht genug für die Blödenschule war er nicht, frech genug für die Verhaltensauffälligenschule auch nicht, da konnte der doch in der Grundschule machen, was er wollte. Hat er ja auch.

Aber das war ja nun anders im Gymnasium, die behalten keinen, wenn sie nicht wollen. Ex und hopp, das ist da ja problemlos drin, und wie die das gemerkt haben, seine Eltern, da haben sie wohl einen tierischen Schreck gekriegt. Gleich hin zu den Lehrern und plötzlich streng, streng, Hausaufgaben kontrolliert und alles, ich glaub, bestimmt auch geprügelt, aber das war schon zu spät. Bei dem Marco, da können Sie mal meine Meinung hören, war es schon bei der Geburt zu spät. Der ist Satans Geschenk an die Welt.

Ja, da haben sie es dann noch versucht in der Sechsten, aber aussichtslos, das war völlig aussichtslos bei dem. Der hat nachher wieder nur noch Scheiß gemacht, genau wie in der Grundschule. Der hat ja sowieso nichts mehr mitgekriegt.

Da haben sie ihn dann runtergenommen, zur Real, irgendwie so Mitte der Sechsten. Da ging ein Aufatmen durch die Klasse, so kann man das fast schon nennen. Jedenfalls nachgeweint hat dem keiner.

Und seine Mutter wollte dann immer mit meiner Mutter, daß die Ansprüche zu hoch wären auf dem Gymnasium, daß das nicht pädagogisch wäre, überhaupt nicht, daß die Lehrer ein sensibles Kind nicht hinter klotzigen Sprüchen erkennen könnten, alles so Reden. Wenn meine Mutter im Garten gearbeitet hat, konnte sie sicher sein, gleich kommt die Alte raus und quatscht sie blöd an. Meine Mutter mochte schon gar keine Gartenarbeit mehr machen.

Zu der Zeit hat sie ja von sich aus schon gar nicht mehr mit den Leuten gesprochen, keiner hat das getan, eigentlich, die konnte keiner mehr ausstehen wegen dem Marco. Das war ja ganz anders bei Bernd und Sven, aber bei Marco war das eben so.

Schade eigentlich. Aber wir waren echt froh, als der weg war.

Friedhelm K., 54, Bürgermeister

Im Gegenteil, wir haben ja ganz bewußt versucht – bevor so was sich also entwickeln konnte bei uns – Gegenmaßnahmen zu treffen, auch wo es schwergefallen ist. Den Etat des Jugendclubs haben wir aufgestockt: Wo gibt es denn das noch in der heutigen Zeit? Bei der Knappheit in den kommunalen Haushalten?
Wir haben dem Herrn W. gesagt – der ja übrigens gute Arbeit leistet, davon sind wir auch nach diesem Vorfall noch überzeugt –, natürlich könnt ihr nicht alles haben, was ihr verlangt, aber euer Anliegen ist wichtig, und wahrscheinlich habt ihr ja sowieso gleich das Doppelte von dem verlangt, was ihr braucht, weil ihr ja Füchse seid, hahaha, das sind ja in diesen Fragen inzwischen alles Füchse geworden, sehen Sie, die wissen, bewilligt werden höchstens fünfzig Prozent, also verlangen sie gleich mal das Doppelte, dann kriegen sie, was sie brauchen, und klagen können sie immer noch.
Ja.
Natürlich, diese Geschehnisse überall, die sind ja nicht spurlos an uns vorübergegangen. Das lassen wir uns jetzt also sicherlich nicht sagen, daß wir nicht rechtzei-

tig reagiert hätten auf das, was da passiert ist, Rostock, Hünxe, Hoyerswerda – Sie sehen, die Liste ist uns hier präsent. Und wir haben dann auch gleich die Konsequenzen gezogen, die Bewilligung für den Jugendclub zum Beispiel ist ja durchaus in diesem Kontext zu verstehen.
Obwohl wir damals, das möchte ich doch auch formulieren dürfen, hier in unserem Ort eigentlich noch keinerlei Anlaß für Befürchtungen sahen. Gut, es gab die eine oder andere Schmiererei, wo gibt es die nicht, dann immer diese demolierten Telefonzellen, von denen es hieß, das waren diese Bengels – aber im großen und ganzen sahen wir wirklich keinen Anlaß. Nicht mehr als anderswo jedenfalls, oder lassen Sie mich sagen: weniger als anderswo, eigentlich.
Das, was da passiert ist mit diesem Jungen, das hat ja, ich habe das eingangs schon betont, ursächlich nichts zu tun mit unserem Ort. Solche Jugendlichen finden Sie überall. Bei mir reden Sie eigentlich mit dem Falschen.
Sehen Sie, ich will Ihnen das noch an einem Beispiel deutlich machen, daran können Sie sehen, wieviel eigentlich hier geschehen ist.
Sie erinnern sich an die Ereignisse in Mölln?
Ja, ja, entschuldigen Sie, natürlich erinnern Sie sich, schrecklich genug war es ja auch, dieses Türkenanzünden, und wir haben uns gleich gesagt: Da müssen wir reagieren. Also, wir haben reagiert, über alle Parteigrenzen hinweg, ich weiß gar nicht mehr, wer den Anstoß

gegeben hat, der Pastor vielleicht, wir haben uns also zusammengesetzt und beschlossen, ein Zeichen zu setzen. Für unseren Ort. Für unsere Jugend. Zeigen: also das tolerieren wir nicht mehr. Da ist dann doch die Grenze. Häuser anzünden und Ausländer verbrennen ist unmenschlich.

Obwohl wir natürlich überhaupt keine Türken haben bei uns, das sagte ich ja schon. Trotzdem haben wir uns aufgerufen gefühlt. Unseren Abscheu zu zeigen.

Wissen Sie, da hätten Sie dabeisein sollen, damals, darüber hätten Sie berichten sollen, dann hätten Sie ein anderes Bild von unserem Ort. Über hundert Vertreter des öffentlichen Lebens waren da zusammengekommen, spontan, das war ja innerhalb weniger Tage organisiert, und haben darüber geredet: Wie sollen wir jetzt reagieren auf diesen schändlichen Vorfall von Mölln. Vertreter des Sportvereins und des Tennisclubs und der Volkstanzgruppe und der Feuerwehr, da hat sich keiner ausgeschlossen. Und alle Parteien natürlich in großer Zahl und kein Wort des Streits.

Wissen Sie, ich bin jetzt viele Jahre in diesem Geschäft, ich weiß, wie das ist, wenn sie aufeinandertreffen, gerade in Vorwahlkampfzeiten: Da knistert die Luft. Beschuldigungen hin und her, und so ein Klima, wenn Sie da nicht hartgesotten sind, dann stehen Sie das nicht durch auf Dauer. Das zahlt unseren Feierabendpolitikern niemand, was sie da ertragen müssen an Streß.

Aber an diesem Abend: Das war eine ausgesprochene Harmonie, das war ja wohltuend geradezu, wie sich da,

bildlich gesprochen, die verfeindeten Brüder die Hände gereicht haben, wie alle nur versucht haben, sich zu einigen auf ein Vorgehen gegen diese Gewalt.
Das war schon eindrucksvoll, glauben Sie mir.
Und eine Woche später dann die Lichterkette, rings um den Marktplatz, alle haben sich die Hände gereicht. Das war schon eindrucksvoll, all diese Kerzen und die vielen Gesichter, von denen man wußte: Die bekämpfen sich sonst, bildlich gesprochen, bis aufs Blut. Eine Schweigeminute haben wir eingehalten, in der Zeit also nur diese Kerzen und das Schweigen, ich weiß nicht, wann ich zuletzt etwas Eindrucksvolleres erlebt habe.
In unserem kleinen Ort.
Ja, natürlich war es ein Glück, daß gerade von Sommerzeit auf Winterzeit umgestellt worden war, sonst hätten wir das so früh natürlich gar nicht machen können, direkt nach Geschäftsschluß, wo alle noch da waren. Nennen wir es einen glücklichen Zufall.
Sie sehen also, wir haben auf alles – wir haben reagiert, wir haben nichts vernachlässigt. Vor einem Jahr hätten Sie unseren Ort noch als Vorbild in dieser Frage in den Medien vorstellen können.
Und jetzt das.
Mit unserem Ort hat das ursächlich gar nichts zu tun.

Hinnerk F., 42, Gemeindepastor

Natürlich tut der Junge mir leid! Wem könnte er nicht leid tun?
Wie zerstört muß ein Kind sein, bevor es so etwas tut, wie zutiefst innerlich zerstört! Und wir haben es alle nicht gemerkt.
Verstehen Sie, das ist es ja, was jetzt so schwer zu ertragen ist, der Gedanke, daß wir alle hier mit ihm gelebt haben und haben nichts davon bemerkt.
Nichts von dieser fürchterlichen inneren Zerstörung. Verstehen Sie, da frage ich mich doch, wozu tue ich denn meine Arbeit hier in diesem Ort, wozu bereite ich sie denn vor im Konfirmandenunterricht, wenn einer, der in innerer Not ist, dann doch nicht den Weg zu mir finden kann? Welche Schranken habe ich aufgebaut? Habe ich nicht deutlich gemacht, daß ich da bin für sie, wie groß auch immer ihre Verstrickung sein mag?
Und wie groß muß die innere Not dieses Kindes gewesen sein!
Ich habe ihn ja regelmäßig gesehen im Konfirmandenunterricht, da war er nicht auffälliger als andere auch.

Geschwänzt, natürlich, vor allem auch bei den verlangten Kirchenbesuchen und wenn etwas vorzubereiten war – auswendig zu lernen, zum Beispiel, wir machen das ja nicht mehr viel, aber ein gewisser Grundbestand ist doch nötig, Zehn Gebote, Vaterunser – da war natürlich nicht mit ihm zu rechnen.

Er wird sich auch, sage ich mir, ein bißchen verloren vorgekommen sein in der Gruppe, da haben ja ganz andere den Ton bestimmt, von seiner Schule waren da, glaube ich, nur er und noch ein anderer, dieser kleine Poffatz, die saßen dann auch immer zusammen.

Die sind sich wohl auch ein bißchen fehl am Platz vorgekommen, könnte ich mir denken, denn sehen Sie, ich versuche da ja immer, den Glauben ins Leben zu tragen, wenn ich das ruhig mal so sagen darf, also über alltägliche Probleme dann zu diskutieren mit denen, Dritte Welt, Verelendung bei uns, auch politische Fragen. Damit sie ein Bewußtsein dafür kriegen: Der Glaube steht nicht abseits. Der Glaube kann mir helfen in meinem Leben und bei meinen Entscheidungen im Alltag. Glaube und Kirche, die sind mittendrin.

Aber sehen Sie, heute frage ich mich: Ist es nicht gerade dieser Weg, auf dem ich ihn verloren habe? Auswendig lernen, das hätte er noch gekonnt, aber da nun diskutieren mit den anderen... Die kamen ja zum größten Teil vom Gymnasium, von der Realschule ein paar, die waren das ja gewohnt, die haben – und das hat mich dann natürlich auch gefreut! –, die haben da gestritten zum Teil, daß die Fetzen flogen. Die haben ja an manchen

Themen ein echtes Interesse gehabt, sie durften auch selber Themen vorgeben.

Der Marco, der hat dann dagesessen mit dem Poffatz, ich kann mich nicht erinnern, daß der auch nur ein einziges Mal etwas beigesteuert hätte zur Diskussion. Wenigstens nicht ohne Aufforderung.

Gestört hat er auch nicht, jedenfalls nach den ersten paar Malen nicht mehr, als ich klargemacht hatte, daß ich das nicht dulde. Wir haben ja bei uns noch ganz gute Bedingungen, das Gros ist kooperativ, da hatte er also mit seinen Störversuchen keine Resonanz. Da haben sie ihn eiskalt abblitzen lassen.

Und heute denke ich, ob nicht sogar das...? Wie elend muß sich einer vorkommen, der nicht einmal mit Stören mehr, mit Kasperei Anerkennung findet?

Er war bei mir jedenfalls sehr isoliert.

Er hat dagesessen und das durchgehalten, das war mir schon klar, weil es ihm um die Anlage ging, die er sich dann nach der Konfirmation kaufen konnte, oder um das Mofa, das ist ja gleich.

Hätte ich das nicht mehr nutzen können? Hätte ich meinen Unterricht nicht mehr auf ihn abstellen sollen, auf ihn und auf den kleinen Poffatz, und ruhig auch mal die anderen an den Rand verweisen?

Obwohl ich nicht sagen kann, wie das hätte geschehen sollen.

Aber manchmal, wenn ich das jetzt bedenke, frage ich mich, ob nicht das, was ich als meinen Erfolg betrachtet habe, in Wirklichkeit meine größte Niederlage war.

Diese diskussionsfreudigen Sitzungen in angenehm interessierter Atmosphäre. Gerade dabei ist er mir ja verlorengegangen.

Hubert S., 42, Klassenlehrer

Und die Parias der Parias, wissen Sie, das sind doch dann die Runtergestuften. Da sagt doch jeder, also der Marco, Mensch! Also der war doch mal auf dem Gymnasium sogar! Hat wohl geglaubt, er ist was Besseres, was? War doch schon in der Grundschule klar, aber dem waren wir hier ja nicht gut genug!

So reden die doch dann, unsere Schüler, glauben Sie bloß nicht, daß die so einen mit offenen Armen aufnehmen. Da sind ja auch Verletzungen im Spiel bei denen, die hatten ja selber von Anfang an immer das Gefühl, nur der Rest zu sein. Wenn dann einer kommt, der was Besseres sein wollte zuerst, da ist die Schadenfreude groß.

Und im Kollegium, ich sag das jetzt mal so hinter vorgehaltener Hand, glauben Sie denn, daß die – glauben Sie denn, daß das da anders ist? Da sagen die Kollegen doch auch, na bitte, mal wieder recht behalten, haben wir doch gleich prophezeit. Also wie der verlorene Sohn wird so einer bestimmt nicht empfangen, das müssen Sie nicht glauben. Ein Kalb ist da noch für keinen geschlachtet worden.

Und wenn einer das zweimal mitmachen muß, das glauben Sie doch, das geht nicht so spurlos vorbei. Wenn der sich danach nicht vorkommt wie – ich sag das jetzt mal so – wie der letzte Dreck, dann weiß ich nicht. Da können Sie auch als Lehrer nicht mehr gegenanstrampeln.

Wenigstens hat er sich dann ja mit dem kleinen Poffatz zusammengetan, da war ich ganz glücklich, obwohl ich ja wußte, mit wem der Poffatz immer rumhing. Die waren ja auch älter, zum Teil, ich hatte manchmal wirklich das Gefühl, der hat gar nicht richtig begriffen, worum es da eigentlich ging. Der war nur stolz, nun in diese Clique gerutscht zu sein von lauter starken Männern. Er selber war ja keine Handvoll. Und in der Klasse hatte er auch nicht solchen Stand, weil er so jung war vielleicht, was weiß ich. Die haben da eigentlich immer so mehr ihre Scherze getrieben mit dem Poffatz. Obwohl, daß er nun ein Außenseiter war, so möchte ich das nicht nennen. Nur wenn eben ein Scherz gemacht werden sollte auf Kosten von irgendwem, dann immer auf Kosten von dem Poffatz. Das war schon so eingespielt, er hat auch nicht richtig protestiert.

Ja, und dann hat er sich eben an den Sigurd gehängt, ob der richtig geworben hat für seinen Verein, das weiß ich gar nicht mal. Jedenfalls hat man den Poffatz dann auf dem Markt häufiger mit dem Sigurd gesehen, mit dem Norman auch, über den sollen sie früher an unserer Schule auch nicht besonders glücklich gewesen sein.

Ja, weiter auffällig war der Poffatz eben nicht, das hat sich ja alles an den Nachmittagen abgespielt, also bis dann der Marco kam. Da hat sich das geändert, ziemlich schnell.

Ich weiß noch, wie ich den Marco das erste Mal mit diesem Aufnäher gesehen habe, »Ich bin stolz, ein Deutscher zu sein«, das hat mich doch fast gewürgt. Sorgfältig angenäht übrigens, also das muß ihm die Mutter gemacht haben, er selber bestimmt nicht.

Ich hab dann natürlich auch versucht, da ganz ruhig zu bleiben, Provokationen läßt man besser an sich ablaufen als Lehrer, aber ich hab das natürlich zum Thema gemacht. Was das soll. Was das eigentlich bedeutet, worauf wir Deutschen denn wohl Grund haben, stolz zu sein. Gerade wir Deutschen.

Und wissen Sie, was der Marco mir geantwortet hat: »Ich persönlich bin zum Beispiel stolz auf Goethe.«

Also das hat mir doch fast die Füße unter dem Hintern weggezogen. Frech wie Oskar! Da habe ich natürlich gleich nachgehakt, gefragt, was er denn von Goethe weiß, wann der gelebt hat, zum Beispiel, und da war natürlich gleich klar: alles warme Luft, keinen Schimmer hat er gehabt.

Ich hab aber noch keine Ruhe gegeben, wieder nachgestoßen: Und was der geschrieben hat, ob er mir da vielleicht was nennen kann? Natürlich wieder nichts. Nichts! Nicht mal den »Faust« genannt, also das hatte ich an der Stelle eigentlich als Alibi erwartet.

Hab ich also zu ihm gesagt – vor der ganzen Klasse hab

ich das gesagt, damit sie auch mal begreifen, was für ein Mist das ist mit seinem Aufnäher –, ich hab also gesagt: »Wie kann man denn bitte schön stolz sein auf etwas, von dem man überhaupt nichts weiß? Überhaupt nichts?«
Guckt der mich so ganz ruhig an und sagt: »Dann bin ich eben stolz auf die Autobahnen.«
Auf die Autobahnen! Ich hab gewußt, jetzt bewegen wir uns auf gefährliches Gelände zu, Autobahnen, Hitler, das hab ich schon verstanden, daß das als Anspielung gemeint war.
»Dann bist du also stolz auf Hitler?« hab ich gefragt. Ganz bewußt, verstehen Sie. Man muß es ja an die Oberfläche bringen.
Und er guckt mich weiter so an. Gibt keine Antwort, guckt mich nur so an, ganz ruhig.
Da hab ich gewußt – also zuerst mal wäre ich natürlich fast explodiert –, aber da hab ich gewußt: Das ist nicht mehr nur Provokation. Das ist schon in ein gefährliches Stadium getreten. Da bist du als Lehrer aufgerufen, was dagegen zu tun. Damit da nicht noch mehr reinrutschen.
Ich hab sofort meinen Plan umgestellt – also in solchen Situationen reagier ich flexibel – und bin umgestiegen auf Faschismus. Ich hab mich da richtig reingekniet! Das war ja jetzt wirklich mal nötig. Ich hab das zum Schwerpunktthema gemacht, fächerübergreifend, in Geschichte darüber geredet, in Deutsch Literatur dazu gelesen, also intensiver ging es wirklich kaum noch.

Aber ich hab mir gesagt: Das hilft jetzt alles nichts. Das muß jetzt ganz massiv kommen. Vielleicht ist dadurch noch was zu retten.
Aber dafür war es wohl schon zu spät. Vielleicht hätten da die Kollegen in den Jahren vorher auch mehr leisten müssen. Ich will keine Vorwürfe verteilen jetzt, aber ich kann mir nicht vorstellen, daß der Marco bei einem vernünftigen Geschichtsunterricht – wenn man also die Greuel des Faschismus genügend betont hätte –, daß der so hätte abrutschen können. Aber manche Kollegen sind da ja sehr gleichgültig.
An unserer Schule, zum Beispiel, sehen Sie, da hab ich gedrängt und gedrängt, nachdem da mal der Aufnäher aufgetaucht war, später dann ja auch der Hitlergruß und die Hakenkreuze ja sowieso überall in den Tischen: Wir brauchen eine Konferenz! Wir müssen eine Konferenz machen zu dem Thema, wir müssen sehen, wie jeder Kollege in seinem Fach die Fratze des Faschismus deutlich machen kann! Wehret den Anfängen!
Aber die Kollegen haben alle nur ihre Ruhe gewollt. Nur die Jugendlichen nicht damit nerven, die wollen das doch gar nicht immer wieder hören.
Und nun sehen Sie ja! Ich habe weiß Gott getan, was ich konnte, ich hab ja schon kaum noch andere Themen behandelt. Da sollten sich vielleicht mal die Kollegen, die Schulleitung, die sollten sich vielleicht mal fragen: Wäre es nicht doch besser gewesen, da eine Konferenz zu machen? Das Thema ernster zu nehmen?

Aber wie ich die kenne, fragen die sich jetzt gar nichts. Tun, als wäre nichts gewesen. Darin sind sie ja groß hier.

Timo K., 15, Klassenkamerad

Nee, wir finden das also alle Scheiße jetzt, was der Marco da gemacht hat. Echt jetzt, das haben wir alle gesagt.
Mit dem will auch keiner mehr was zu tun haben, keiner aus der Klasse. Wollten wir ja vorher irgendwie auch schon nicht, den konnte keiner so richtig ausstehen, also da haben wir schon so unseren Riecher gehabt.
Der war ja – wissen Sie, daß der mal auf dem Gymnasium war? Und jetzt Versetzung gefährdet bei uns, lauter Fünfen, so einen Typ verachte ich doch. Echt.
Ja, logisch, das hat uns schon angenervt. Also der Marco hat uns angenervt mit seinem Deutschlandgequatsche, aber der S. eigentlich noch viel mehr.
Weil, ich mein, mit dem Deutschland und alles, ich steh da nicht so drauf, keine Aufnäher und so, ich hab da also eine Lehrstelle bei der Versicherung in Aussicht, das glaub ich auch gar nicht, daß das da so gerne gesehen wird. Aber falsch ist das jedenfalls nicht, also nur weil der Marco das jetzt hatte und wir mochten den Marco nicht, deshalb ist das ja nicht gleich alles falsch, oder?

Ich mein, da muß man schon mal drüber nachdenken, »Ich bin stolz, ein Deutscher zu sein«, warum sollen wir eigentlich nicht stolz sein, die andern sind doch auch alle stolz. Und das mit dem Hitler ist ja nun wirklich lange genug her, da waren wir nicht mal geboren, nicht mal meine Eltern waren da geboren, echt, warum sollten wir uns da nun dafür schämen?
Tun die Amis doch auch nicht mit ihrem Vietnam, und außerdem haben die Engländer die KZs erfunden. Nur mal so zum Beispiel. Und ob das mit den Juden, weiß ja auch keiner. Also ich jedenfalls finde Deutschland gut.
Aber das war eben der Scheiß da bei dem S., durfte man ja nicht sagen. Der war ja gar nicht so schlecht, echt jetzt, ganz netter Typ, aber wenn Deutschland: Da konnten Sie mit dem echt nicht reden. Wurde der immer gleich ganz aufgeregt, gleich noch 'ne Kopie gemacht, noch 'n Film gezeigt, das ist uns also langsam echt auf die Eier gegangen. Auf den Sack. Also das hat uns angenervt bis Arschloch.
Aber daß der Marco sich deswegen denn immer gleich mit ihm anlegen mußte, das hat uns also noch mehr angenervt. Darum hat das ja überhaupt nie mehr aufgehört, darum hat der S. ja immer noch weiter gelabert, der hat, glaub ich, echt geglaubt, er kann den Marco überzeugen. Und wir mußten das dann alle aushalten.
Also einmal, zum Beispiel, da hat der so ein Video gezeigt, KZ, und wie die da aussahen, so ganz verhungert wie in Somalia zum Beispiel, also schön sahen die wirk-

lich nicht aus. Und dann die SS-Bullen da mit ihren Knarren, und dann noch so Knochenberge. Die Katja ist da echt fast rausgerannt.

Und denn der Marco ganz cool, na und, das ist schließlich ein Film von den Amis, und wenn die also »Jurassic Park« und alles, Saurier, »Krieg der Sterne«, da weiß man doch, das ist auch nur ausgedacht. Das machen die mit Trick alles, Computeranimation. Da lacht der Spielberg doch nur drüber, wenn der so was drehen soll, künstlich. Also der Film ist noch lange kein Beweis.

Hat der S. sich natürlich wieder tierisch aufgeregt, aber jetzt echt mal: So ganz falsch ist das ja nicht, oder? Was der Marco gesagt hat? Das hat mir schon zu denken gegeben, also.

Und Poffatz hat erzählt, also der war ja dann zuletzt so 'ne Art befreundet mit dem, Poffatz hat gesagt, bei sich zu Hause hat der Marco noch viel geilere Bilder an der Wand. In seinem Zimmer an der Wand. Lauter nackte Juden, die vor einer Grube knien, Hände überm Kopf, und dahinter deutsche SS, die knallt sie gerade ab. Daß sie also direkt in die Grube fallen dann, praktisch gedacht war das ja.

Ich hab den Marco gefragt, ob das stimmt, ob das wahr ist, daß er die an der Wand hat, und er hat gesagt, daß der Poffatz auch echt nur Scheiße im Kopf hat. Also eine richtige Antwort war das ja nicht.

Nee, also von uns, da hat der Marco also keinen überzeugen können, daß wir nun auch plötzlich so Aufnäher oder Hitlergruß oder was. Mal 'n Hakenkreuz gemalt, klar, das war ja irgendwie auch total geil, wie sich dann die Lehrer aufgeregt haben immer, wo die sonst immer so tun, als ob sie überhaupt nichts annervt; aber kein Hitlergruß oder daß wir uns da auch treffen wollten mit dem Sigurd oder was, also das nun bestimmt nicht. Ich hab da diese Lehrstelle in Aussicht, also ich glaub auch nicht, daß das da gerne gesehen würde so was.

Hartmut K., 59, Schulleiter

Ja, sehen Sie, und wenn Sie dann die Schule überhaupt mit einbeziehen wollen – wenn Sie Ursachen in diesem Feld sehen wollen, ich habe ja deutlich zu machen versucht: Ich sehe das anders; aber dann ist wohl zunächst zu berücksichtigen, daß der entsprechende Schüler unsere Schule ja kaum durchlaufen hat. Er ist ja erst – ich habe hier die Akte – in der achten Klasse zu uns gekommen, und da dürfen wir doch wohl sagen: Seine schulische Prägung, die hat er anderswo erfahren.
Nun war es natürlich, und das bedaure ich jetzt nachträglich, vielleicht nicht sehr glücklich, daß er ausgerechnet in der Klasse des Kollegen S. gelandet ist. Um Mißverständnissen vorzubeugen: Ich schätze diesen Kollegen, bei allen Meinungsverschiedenheiten im einzelnen, und es liegt mir fern, ihm eine Mitschuld zusprechen zu wollen: Das möchte ich doch ganz ausdrücklich betonen.
Aber der Kollege war noch neu an unserer Schule, war mit den Gepflogenheiten nicht so vertraut. Er hat dann doch wohl alles eher so gehandhabt, wie das in der Stadt üblich ist, wohl auch üblich sein muß, aber für unsere Kinder...

Was?

Nun, zum Beispiel bin ich überzeugt davon, daß er diese Dinge – mal ein Hakenkreuz, mal ein Hitlergruß, Türkenwitze –, daß er diese Dinge einfach überbewertet hat. Das mag erklärlich sein aus seiner Geschichte, er mag da in der Stadt Erlebnisse gehabt haben – bei uns hier sind solche Dinge doch ganz anders einzuordnen.

Denn sehen Sie, ein Jugendlicher, der bei uns einen Türkenwitz erzählt, der kennt ja meist gar keinen Türken. Das ist nicht mit Erfahrungen verbunden, also das ist dem gar nicht wichtig, das darf ich doch nicht überbewerten. In der Stadt, der Jugendliche, der mit ausländischen Mitschülern in die Klasse geht, der womöglich als Deutscher in seiner Klasse in der Minderheit ist, der Jugendliche in der Stadt mit diesem Hintergrund, wenn der also Hakenkreuze malt und Türkenwitze erzählt, da wäre ich natürlich auch in Sorge. Da würde ich das sehr, sehr ernst nehmen, glauben Sie mir. Aber diesen Hintergrund haben unsere Jugendlichen eben nicht. Die erzählen einfach mal einen Witz. Und darum habe ich es auch als verfehlt empfunden, als der Kollege – als er fast nichts anderes mehr behandeln wollte als Nationalsozialismus. Unsere Jugendlichen hat das eher verärgert, glauben Sie mir. Da hätte ein bißchen mehr Gelassenheit weit eher etwas erreicht.

Ich persönlich? Ja, sehen Sie, so ist die Frage natürlich falsch gestellt. Das kann ich Ihnen nicht sagen, was ich in dieser Situation als Klassenlehrer getan hätte. Ich

kenne die Schüler ja gar nicht so genau. Ich wäre auf jeden Fall gelassen geblieben.
Das habe ich dem Kollegen übrigens auch zu verstehen gegeben, als er immer wieder gedrängt hat, eine allgemeine Konferenz zu diesem Thema einzuberufen. Das hieße die Dinge doch wohl ein bißchen überzubewerten, und dazu stehe ich auch heute noch, auch nach dem Vorfall noch, denn sehen Sie: Nur weil ein einzelner Schüler – ein *einziger*, von Hunderten! – aus dem Ruder läuft, muß darum gleich die Schule insgesamt...
Wo einer verrückt spielt und alle anderen sind sympathische junge Menschen, können da die Ursachen in der Schule liegen? Da spricht ja bereits der gesunde Menschenverstand dagegen, auch die Statistik.
Ich bitte Sie.

Klaus-Peter W., 54, Tankstellenpächter

Ja, dann ist er also regelmäßig aufgetaucht danach, unregelmäßig, gab mal Zeiten, da war er jeden Tag da, und dann wieder: wochenlang nicht.
Also daß wir da nun groß geredet hätten, so war das nicht. Der hat dann eben mal den Besen genommen, ausgefegt, mitgeholfen bei kleineren Sachen, nachher kannte der sich dann ganz gut aus. Reifenwechsel, weil wir da ja nun schon mal dabei sind, das war also dann nachher schon kein Problem mehr für ihn. Das hätte man ihn ganz allein machen lassen können, problemlos. Der war ja helle, der hatte was im Kopf, der Bengel, können Sie mir glauben, ich seh so was gleich.
Dann war er auch immer mal wieder weg, wochenlang, plötzlich wieder da.
Ich sag: »Na, lange nicht gesehen.«
»Nee«, sagt er, »kann schon sein.«
Also nicht, daß ich da gefragt hätte, wieso, warum: Der kam mal, dann kam er wieder nicht. Mir war das recht so, ich hab auch gedacht: Wenn der was lernen will, Mechaniker, da kann ich ihm glatt was vermit-

teln. Da hätte ich die Hand für ins Feuer gelegt, für den Bengel, der hätte seinen Meister gemacht.

Aber hab ich ihm natürlich nicht gesagt. Weiß ich, vielleicht träumt der von Banklehre oder was weiß ich? Da hab ich mich nicht aufgedrängt. Wenn er gefragt hätte: jederzeit.

Aber aufdrängen tu ich mich nicht. Das geht dann doch nur in die Hose.

Frank W., 32, Sozialarbeiter in der Jugendfreizeitstätte

Ja, die Clique dann – das hat uns also schon Kopfzerbrechen gemacht die letzte Zeit. Das letzte Jahr, kann man sagen, noch länger schon.
Es hat ja immer geheißen, das sind Skins, das ist ja Blödsinn. Die waren einfach – das sind, wenn Sie das jetzt nachher von Ihrem kleinen Kasten da wieder löschen, das sind ja eigentlich hier bei uns die armen Schweine. Wenn die wenigstens noch echte Skins wären. Aber das sind doch alles –, das ist jetzt nicht abwertend gemeint, nur beschreibend! Ich hab ja gesagt: löschen Sie das wieder –, das sind ja alles arme Würstchen eigentlich. Wenn Sie die angucken hier, bei dem einen hat dies nicht geklappt, bei dem anderen das. Toll finden die sich alle nicht. Die Jungs selbst, so seh ich das inzwischen, nach meiner Beobachtung, die sind also innerlich im Chaos, nicht zufrieden mit sich, was weiß ich. Haben Sie bei denen mal einen gesehen, der spitze ist im Sport oder was? Das sind doch alles die Würstchen.
Löschen Sie das.
Da haben wir hier natürlich auch versucht, was zu tun,

daß die also bißchen stabiler werden, daß sie den ganzen Blödsinn nicht mehr brauchen. Aber machen Sie das mal in dem Alter. Das ist ja nicht mehr wie bei den Kleinen, die können Sie nicht mehr töpfern lassen und den schönen Aschenbecher bewundern, und das Kind geht nach Hause stolz wie nichts. Der Zug ist abgefahren.
Und beim Billard kann auch immer nur einer der Meister sein, aber wenigstens hält es sie beschäftigt, das haben wir uns gesagt, wenigstens weg von Schlimmerem, das ist auch schon alles. Daß man da noch was an den Ursachen ändern könnte, daß man die umkrempeln könnte noch mal – solche Illusionen haben wir nicht. Die haben Sie nicht mehr, wenn Sie hier mal drei Wochen gearbeitet haben, glauben Sie mir. Da geht es Ihnen nur noch darum, daß sie weg sind von der Straße, damit nichts Schlimmeres passiert. Mehr können wir hier doch gar nicht machen. Wenn sie zu uns kommen, ist der Zug doch längst abgefahren.
Ja, das haben wir also etwas naiv gefunden, wenn ich das mal so sagen soll. Eher kontraproduktiv sogar. Wir haben das ja so zum Teil mitgekriegt, wie sie da geredet haben – nicht daß Schule nun gerade ihr Hauptthema gewesen wäre. Aber über den S., da haben sie geflucht, das wäre wohl eine ganz linke Sau. Den haben sie also regelrecht gehaßt, der Poffatz und der Marco, da kann ich nur sagen: Irgendwas hat der gemacht. Das kommt ja nicht von ungefähr, daß die einen so hassen. Das waren nicht nur seine Videofilme, was ich so gehört hab, da muß noch mehr gewesen sein. Wahrscheinlich, ich

denk mir das so: hat der sie klein gemacht. Sonst kann ich mir diesen Haß nicht erklären. Also, wo sie sowieso schon so mickrig dastanden vor sich selber und wußten das auch im innersten Bauch und haben nur noch nach einem Weg gesucht da raus oder wo sie sich wenigstens nicht in ihrer ganzen Winzigkeit wahrnehmen mußten: Da hat der sie noch kleiner gemacht.
Und dann erwartet er noch, daß seine gutgemeinten Vorträge was bringen! Also auf Schule, da bin ich sowieso nicht so zu sprechen.
Was wir hier gemacht haben? Ja, was hätten Sie denn gemacht?
Wir haben das alles genau beobachtet, das doch schon mal. Wir haben versucht, ein gutes Verhältnis aufzubauen, sie an uns zu binden, die Jungs. Daß sie sich auch mal ausquatschen konnten, ohne daß wir da gleich mit der moralischen Keule gekommen wären.
Natürlich, nicht daß sie sich viel ausgequatscht hätten.
Vor allem, das kann man wohl so sagen, haben wir sie eben von der Straße weggehalten. Von der Straße und vom Alkohol. Mehr konnten wir wohl auch nicht tun.
Ja, natürlich, wie sich jetzt zeigt, konnten wir eben noch nicht mal das. Daß hier von unseren Kids, also daß zum Beispiel gerade der Marco so was machen würde: Da hätte ich mein Jahresgehalt dagegen gewettet. Wir haben wirklich gedacht, wir kennen die.

Timo K., 15, Klassenkamerad

Nur also mit den Ausländern, da haben wir – also wir sind *alle* dagegen, daß er die da abgefackelt hat, *alle*, können Sie jeden in unserer Klasse fragen. Also da ist keiner dafür, der das richtig findet, so was würden wir nie gut finden. Also man redet natürlich schon mal so, Kanaker zurück auf die Bäume, und was ist der Unterschied zwischen Juden und Türken, die Juden haben es schon hinter sich, aber ist ja nichts davon ernst gemeint. Also da können Sie *alle* fragen in der Klasse, *alle*, da würde keiner hier so was machen. Daß man mal so redet, das ist ja nur, weil, all diese Ausländer überall, da denkt man ja schon mal: Ist das denn hier noch Deutschland, oder was? Also das kann doch nicht richtig sein, daß die Ausländer hier im Mercedes fahren und die eigenen Deutschen sind arbeitslos oder was. Das gibt es in keinem Land der Welt, so viele Ausländer, nur die Deutschen sind wieder zu blöde.
Aber deshalb kann man sie natürlich nicht gleich abfakkeln, also das ist schon mal klar. Gibt ja noch Flugzeuge und Schiffe und was, und denn ab in die Heimat. Also

Abfackeln ist da echt der falsche Weg. Wir fanden das also alle auch Scheiße in unserer Klasse. Mit dem Marco wollen wir echt nichts mehr zu tun haben.

Hinnerk F., 42, Gemeindepastor

Ja, sicher, allgemein, da haben wir sicherlich einiges getan. Sie haben ja wohl auch davon gehört, die Lichterkette, die Schweigeminute – es ist natürlich nicht so, daß wir hier in unserem Ort nichts dagegen getan hätten.
Aber vielleicht, den Gedanken darf man doch denken, war es das Falsche?
Verstehen Sie, wir haben das ja damals organisiert, wir hier aus der Gemeinde, unsere Jugendlichen vor allem auch mit, wir sind es ja gewesen, die damals aufgerufen haben zu diesem Treffen, nach Mölln. Wir hatten uns ja schon lange mit diesem Thema beschäftigt, die Jugendlichen im Jugendtreff bei uns im Keller, die wollten ja was tun! Die haben immer schon gesagt, schon Monate vor dem Brandanschlag von Mölln, daß man doch was tun müßte gegen diese Ausländerfeindlichkeit auch bei uns im Ort, daß da was passieren müßte – obwohl wir natürlich kaum Ausländer haben. Und als das dann passiert ist in Mölln, da war das wie der Tropfen, der das Faß zum Überlaufen gebracht hat, da wurde telefoniert bis zwei Uhr morgens, und dann stand es eben fest: Wir

wollen sehen, daß wir auch in unserem Ort ein Zeichen setzen.
Dafür haben wir dann das Treffen organisiert.
Ich habe die Vertreter der Parteien angerufen, den Bürgermeister, das ging dann nachher wie im Schneeballsystem. Jeder hat ein, zwei weitere angerufen, unsere Jugendlichen hatten ja häufig Kontakt zu den Vereinen, also so zwei, drei Tage haben wir da telefoniert.
Und der Erfolg war ja dann überwältigend.
Ich weiß nicht, ob Sie davon gehört haben, der Gemeindesaal war überfüllt, manche haben sogar stehen müssen. Alle Parteien, sogar der Schützenverein. So was von Einigkeit – das war eine Woche nach Mölln. Und dann noch mal die Lichterkette, das haben Sie ja sicher auch gehört. Da haben wir viel Kraft reingesteckt, die Jugendlichen und ich, überall plakatiert, in die Zeitungen gesetzt – der Marktplatz war hinterher voll. Ich glaube nicht, daß ich in diesem Ort noch jemals etwas so Beeindruckendes erleben werde. Aber trotzdem.
Verstehen Sie, schon an dem Abend, schon während der Schweigeminute, da ist es mir durch den Kopf geschossen: Es ist wie die Kirche am Heiligabend. Überfüllt und feierlich, und hinterher geht der Alltag seinen Gang. Ich hab versucht, das Gefühl wegzuschieben, diesen Eindruck, daß da auch viel Rührseligkeit dabei war, man hätte auf dem freien Platz in der Mitte gut und gerne unser Krippenspiel aufführen können.
Verstehen Sie?
Aber ich hab mich nicht gefragt, keiner wahrscheinlich

hat sich das gefragt, wie fühlen sich jetzt Marco und Poffatz, wenn sie das sehen? Wenn sie davon hören, wie fühlen sie sich, wie können wir dafür sorgen, daß sie sich nicht noch stärker ausgegrenzt fühlen dadurch, daß wir sie nicht noch mehr ins Abseits schieben durch diesen Abend allgemeiner Harmonie – darüber hab ich nicht nachgedacht.

Und beim Konfirmandenunterricht das nächste Mal, da haben wir nur voller Begeisterung darüber geredet. Wie über einen sportlichen Erfolg. Daß wir nun aber etwas erreicht hätten, uns selber gegenseitig auf die Schultern geklopft.

Und Poffatz? Und Marco?

Heute denke ich, das wäre der Augenblick gewesen, wo man sie hätte auffangen müssen. Da hätten wir sie nicht alleine lassen dürfen, nicht in diesem Moment. Wie Ausgestoßene müssen sie sich doch vorgekommen sein, wir hätten ihnen deutlicher zeigen müssen: Nicht ihr als Menschen seid gemeint! Wir stoßen euch nicht aus!

Vielleicht hat dieser Abend sie nur weiter abgedrängt.

Nein, nein, ich bin nicht verbittert. Verstehen Sie, ich sage ja nicht, man hätte nichts tun sollen. Aber was wir getan haben, hat nicht gereicht. Was wir getan haben, das ist inzwischen meine feste Überzeugung, haben wir mehr für uns selber getan und nur wenig mit dem Blick darauf, was es praktisch hätte bewirken sollen.

Denn sonst, und das ist ja leider nicht geschehen, hätte es doch weitergehen müssen nach Lichterkette und

Schweigeminute. Hätte da nicht erst der Dialog beginnen müssen zwischen all denen, die sich vorher im Gemeindesaal gedrängt hatten? Was sie tun könnten, jeder von ihnen in seiner Partei und in seinem Verein? Auf welche Reden die Parteien verzichten sollten, zum Beispiel, und wie man den Jugendlichen – diesen Jugendlichen! – eine andere Perspektive geben könnte...
Nein, ich behaupte ja nicht, daß ich die Antworten gewußt hätte. Aber wenigstens die Fragen hätten doch gestellt werden müssen!
Nur waren wir da längst alle zufrieden. Uns konnte ja niemand mehr ein Versäumnis vorwerfen.
Beim nächsten Treffen, bei dem es darum gehen sollte, was denn nun weiter geschehen könnte – im Alltag! Der Heiligabend war doch vorbei! –, ist kaum noch einer gekommen. Wir hatten unseren Höhepunkt gehabt, das Thema war abgehakt.
Sie erinnern sich an Solingen? Es ist ja weitergegangen. Aber glauben Sie nicht, danach wäre noch irgend etwas zu mobilisieren gewesen. Wer einmal wegen eines brennenden Türken auf die Straße gegangen ist, hat seine Pflicht erfüllt. Der redet noch fünf Jahre später darüber, selbst ganz erstaunt, so ein engagierter Mensch zu sein.
Milde und Vergebung? Na, jetzt bitte ich Sie aber! Dieser gewisse Jesus von Nazareth, falls Sie sich erinnern, hat auch immer zuerst die Übel benannt. Und wie konnte er sich erregen im Zorn! Das seh ich jetzt nur noch bei unseren Jugendlichen im Jugendtreff, solche

schöne Erregung über Unrecht und Selbstzufriedenheit. Das ist ja sonst aus der Mode.

Um aber darauf zurückzukommen, um auf den Marco zurückzukommen: Manchmal frage ich mich: Wenn ich nun, statt all die Telefongespräche zu führen zur Vorbereitung der Lichterkette, statt all diese Handzettel zu drucken und zu verteilen: Wenn ich mir nun statt dessen die Zeit genommen hätte für ihn?

Nein, natürlich weiß ich nicht, was ich da konkret hätte tun sollen. Aber die Frage muß doch gestellt werden.

Friedhelm K., 54, Bürgermeister

Wegen der Ausländer? Natürlich, sehen Sie, die waren wir bei uns ja gar nicht gewohnt. Das war in unserem Ort ja eher – Theorie, das wußten wir aus den Medien natürlich, aber mit uns hat das doch alles sehr wenig zu tun gehabt.

Darum hat ja auch diese Zuteilung dann – als wir plötzlich diese Asylbewerber aufnehmen mußten, das war ja fast von einem Tag zum anderen! –, das hat dann doch zunächst sehr viel Unruhe gebracht.

Denn sehen Sie: Wo wollen Sie als kleiner Ort denn den Wohnraum schaffen? Da bleiben ja nur die kommunalen Einrichtungen zunächst, darüber ist dann ja auch laut nachgedacht worden: Schule, Sporthalle, Feuerwehrgerätehaus. Was glauben Sie denn, was so ein kleiner Ort an Wohnraum zur Verfügung hat von einem Tag zum anderen? Gar nichts, das ist nun mal so, darauf ist man ja nicht vorbereitet.

Aber ich gebe gern zu, das hat viel böses Blut gegeben zunächst. Da haben sich natürlich Initiativen gebildet, nicht daß Sie das jetzt mißverstehen: Aber es ist doch selbstverständlich, daß die Eltern erregt sind beim Ge-

danken, da könnten nun auf einmal Schwarze einquartiert werden in der Schule ihrer Kinder. Nicht, weil es Schwarze sind, Gott bewahre – es ist mehr das Prinzip. Das pädagogische Prinzip, sozusagen, vielleicht sollten Sie darüber eher mit unserem Rektor sprechen, der ist ja da zuständig. Der hat sich da sehr eingesetzt.
Ja, und die Sportvereine haben natürlich auch nicht gerade »Hurra!« geschrien, wenn ich das mal so lax formulieren darf, als wir mit dem Gedanken an die Sporthalle gespielt haben. Sagen Sie nicht, das wäre Rassismus. Denen ging es verständlicherweise um Sport.
Und die Feuerwehr – ja, daß das Gerätehaus nicht in Frage kam, das ist uns dann doch sehr schnell klar gewesen. Schon aus Sicherheitsgründen.
Wieso nicht auf große Begeisterung gestoßen? Ja, was erwarten Sie denn von so einem kleinen Ort wie dem unseren? Zur Begeisterung haben wir da weiß Gott keinen Anlaß gesehen.
Aber das hatte die oben geschilderten Gründe, ich bitte doch sehr, das zu berücksichtigen! Mit Fremdenfeindlichkeit hatte das korrekterweise nichts zu tun.
Wir haben uns dann also für die Container entschieden, das ging schnell und ist eine würdige Lösung.
Wie? Zwölf Quadratmeter, immer vier Leute. Natürlich kannten die sich vorher nicht untereinander, aber die haben sich dann ja schnell kennengelernt. Das können Sie auch sehen, wenn die zum Einkaufen gehen, zum Beispiel: Die gehen immer zusammen. Also die haben sich dann doch sehr schnell angefreundet.

Wieso, dieselbe Sprache. Also, das kann ich Ihnen jetzt wirklich nicht sagen, welche Sprachen die sprechen, diese Leute werden uns ja zugewiesen. Da fragen Sie denn doch wohl am besten mal beim Sozialamt nach, die können Ihnen das sagen. Schwarze sind jedenfalls dabei, Libanesen – fragen Sie beim Sozialamt. Jedenfalls war das deutlich die beste Lösung.
Nein, es hat nicht – wieso Unruhe und Ablehnung? Vielleicht schalten Sie jetzt mal Ihr Mikro aus? Sehen Sie, ich stehe Ihnen hier Rede und Antwort seit geraumer Zeit, obwohl ich bis jetzt immer noch nicht einsehen kann, was unser Ort mit dieser ganzen unglücklichen Geschichte zu tun haben soll. Ich stehe Ihnen hier Rede und Antwort, zwei Termine habe ich Ihretwegen verschoben. Aber dann kann ich doch wohl wenigstens erwarten, daß ich hier nicht auf der Anklagebank – doch, junger Mann, genau das tun Sie hier die ganze Zeit! Wenn natürlich auch nur indirekt, aber genau das ist es doch, was hier jetzt passieren soll! Weil es Ihnen in Ihr Konzept paßt, Ursachen und Versäumnisse beim Ort zu suchen. Anstatt da, wo sie wirklich liegen. Befragen Sie doch mal die Eltern!
Ja, das denke ich auch. Es ist wohl alles gesagt. Bitte sehr, gern geschehen. Guten Tag.

Rüdiger Poffatz, 14, Freund

Nein, ich sag Ihnen nichts!
Ich sag Ihnen nichts!
Ich bin ja gar nicht dabeigewesen an dem Abend! Wenn der Marco das jetzt sagt, das ist ja alles gelogen! Der will ja bloß, daß ich die Schuld kriege, das hat er in der Schule auch immer so gemacht!
Ich bin ja gar nicht dabeigewesen!

Klaus-Peter W., 54, Tankstellenpächter

Ja, an dem Tag dann – konnte ja kein Mensch wissen, was er vorhatte, nicht? Wußte er ja vielleicht selber noch nicht, was weiß ich. Jedenfalls ist er aufgetaucht, nachmittags rum, war ewig nicht da, und dann jetzt: langes Gesicht, Scheißlaune, ich sag mir: Den läßt du heute besser in Ruhe.

Hat er sich dann so 'n bißchen umgetan, hier mal gegengelehnt, da mal gegengelehnt, aber so richtig was gemacht – nee.

Ich sag zu ihm: »Wie isses, willst du mit Ölfilter reinigen?« War ich gerade bei, wußte ich ja: Das macht der sonst eigentlich ganz alleine.

Sagt er: »Nee, danke, ich mach mir doch nicht die Finger dreckig!«

Wirklich wahr! Der Rotzlöffel. Also der mußte da schon in so einer Stimmung gewesen sein, Ölfilter, das hat er sonst gerne gemacht.

Ich sag: »Dann kannst du aber vielleicht auch besser mal gehen. Nur rumstehen, rumlungern, das ist bei mir nicht.«

Sagt der Bengel doch: »Ach nee? Aber arbeiten ohne einen Pfennig darf ich, oder was?«

Na, da hätte ich mich fast vergessen. Daß der das jetzt so dreht – da hätte ich ihm am liebsten gleich eine vor den Latz geknallt. Aber ich kann mich ja beherrschen.
Ja, dann ist er wohl gegangen. Vielleicht, wissen Sie, wenn ich da 'n bißchen 'n andern Ton gehabt hätte an dem Tag, ich hab das schon zu meiner Frau gesagt: Vielleicht wär das dann alles anders gelaufen. Könnte ja sein.
Aber nun ist nichts mehr zu ändern, schade für den Bengel. Paarmal den Hintern versohlt, da bleib ich dabei: Der könnte jetzt 'ne schöne Lehre machen.
Aber so geht das Leben, nicht?

Sigurd J., 17, Freund

Wegen dem Marco, ja also, ich sag Ihnen das jetzt mal, wie ich das seh, da sind die Linken dran schuld. Daß der also diese Türken da – da sind die Linken dran schuld, ist doch ganz logisch.

Also zuerst lassen sie mal all diese Ausländer ins Land, nicht? Wo gibt's denn so was? Welches Land gibt's denn so was? Nur Deutschland, weil unser nationaler Stolz gebrochen ist wegen dem Krieg und allem, ist ja lachhaft, was da für Lügen verbreitet werden. Aber der nationale Stolz ist gebrochen, und da haben die Schiß vorm Ausland, vor den Amis, vor den Japanern, da lassen sie also jeden rein. Sagen Sie mir mal, wo gibt's so was noch? Das ist wegen dem Fehlen von Stolz.

Na gut, lassen wir sie also rein, und danach: Wie soll es weitergehen? Da kümmern sie sich nicht drum. Daß wir hier mit denen leben müssen, Türken, was weiß ich, das kümmert die nicht mehr. Rauschgift, Mafia, was weiß ich, das kümmert die nicht mehr.

Wieso bei uns im Ort? Nee, natürlich nicht, aber doch wohl in Deutschland! Und ich bin Deutscher, und ich hab da meinen Stolz. Ich seh da nicht nur zu, das können Sie glauben.

Ja, okay, mit dem Marco – der war da voll meiner Meinung, also hundert Prozent, könnte man sagen. Aber deswegen hätte der doch noch lange keine Türken abgefackelt, da können Sie alle fragen. Der war nur so schlecht drauf an dem Abend, voll Scheiße drauf, da wollte der was machen. Also deswegen ist das gewesen. Und nicht wegen nationaler Gesinnung oder was, also mein Vater hat da schon gleich eine Erklärung geschrieben, daß die Partei sich distanziert.

Weil er Scheißlaune hatte, hat er das gemacht, und das war logisch wieder wegen der Schule, wegen diesem Lehrer. Also ich sag doch, die Linken sind schuld, jetzt mal ehrlich, ohne die Linken hätten wir hier auch keine Ausländer, und ohne Ausländer, nicht? Logisch! Da müßte man auch keine abfackeln. So einfach ist das. Aber will ja nicht in die Schädel rein.

Und sein Lehrer, der hatte ihn also noch fertiggemacht an dem Tag, Arbeit zurück, was weiß ich. War jedenfalls wegen seiner nationalen Gesinnung, da sollte er sitzenbleiben wohl. Weil der ihn fertigmachen wollte!

Also der Lehrer, das war so eine ganz linke Sau, der konnte den nationalen Stolz nicht ertragen. Wir haben schon viele Kameraden im Knast, die sitzen wegen so linken Säuen, und wir vergessen die nicht. Den Marco vergessen wir auch nicht, er hat vielleicht falsch gehandelt, mein Vater hat da schon diese Erklärung ge-

schrieben, aber er ist trotzdem ein Opfer der Linken. Wenn der ihn nicht fertiggemacht hätte, dieser Lehrer, da an dem Tag, dann hätte der Marco gar nichts gemacht.
Aber es wird noch Veränderungen geben in unserem Land. Und den Marco holen wir dann raus.
Ob mir die Toten leid tun?
Na ja, das waren Kinder. Kinder tun einem ja immer leid, oder? Aber die wären ja auch mal erwachsen geworden. So muß man das doch auch sehen.

Hubert S., 42, Klassenlehrer

Ja, und dann ist das natürlich weitergegangen. Zuerst nur die Aufnäher, die Sprüche, aber dann eben auch die Farbbeutel.
Also, ich weiß das nicht ganz sicher, so was wird ja immer mehr unter der Decke gehalten hier in diesem Ort, aber jedenfalls hat es da Farbbeutel gegen die Container gegeben. Und wer das dann getan hat, das ist niemals rausgekommen.
Aber ich hatte da ja natürlich meinen Verdacht! Das hab ich auch dem Rektor gesagt, da muß jetzt was passieren, mit Augen zu löst man keine Probleme. Aber die haben ja alle so getan, als wäre nichts. Wie die kleinen Kinder, die sich die Hände vor die Augen halten und glauben, nur weil sie sie nicht mehr sehen, ist die Wirklichkeit ganz weg.
Da hab ich mich also doch sehr auf mich allein gestellt gefühlt, mit Unterstützung von den Kollegen war da nicht zu rechnen. Ich hab dann getan, was ich konnte. Aber einer alleine, das ist nicht genug. Wenn die anderen Kollegen da nichts getan haben, das muß doch für die Schüler so ausgesehen haben, als ob sie das gar nicht so schlimm finden. Vielleicht sogar, als ob sie stillschweigend ihre Meinung teilen.

Für mich war das nicht einfach, glauben Sie mir. Ich hab da wirklich getan, was ich konnte.

Ja, also dieser Tag, das ist vielleicht ein gutes Beispiel dafür. Da hat es ja wieder Auseinandersetzungen gegeben, so was haben sich die anderen Kollegen gar nicht erst zugemutet. Das mußte alles ich erledigen, stellvertretend.

Ich hatte da also diese Arbeit schreiben lassen, das war gar nicht dran im Stoff, also ich hab eigentlich immer damit gerechnet, daß mal irgendwer kommt und sich beschwert. Also Nationalsozialismus, und dann auch noch so im Detail, das war gar nicht an der Reihe, aber ich hab keine andere Möglichkeit gesehen, als das dann durchzuziehen. Entgegen dem Lehrplan, also manchmal ist ein bißchen Zivilcourage schon nötig.

Ja, und wir haben dann also diese Arbeit geschrieben, und eine Frage lautete auch zu den Konzentrationslagern. Die mußten sie also in eine Karte eintragen, verschiedene Farben für Arbeitslager und Vernichtungslager und daneben immer die Zahlen der Ermordeten, das war mir wichtig. Daß wir gerade diesen Aspekt immer wieder betrachtet haben, das war mir sehr wichtig. Damit sie sehen sollten, wohin das letztendlich führt, das ganze Gerede von »Deutschland den Deutschen« und »Ausländer raus«. Das endet doch dann mit Toten, das haben wir jetzt ja gesehen. Da bin ich ja bestätigt worden auf eine schreckliche Weise, ich wüßte wirklich gerne, was die Kollegen wohl dazu sagen.

Ja, und da hat er dann also – der Marco bei der Arbeit hatte das also einfach ganz durchgestrichen. Nichts farbig schraffiert, keine Zahlen. Das Ganze einfach durchgestrichen.
Ja, das waren dann schon mal – Sie können sich sicherlich vorstellen, wie erregt ich da war! –, das waren dann schon mal 28 Punkte weniger. Ich meine, es war ja klar, was er damit zum Ausdruck bringen wollte, Auschwitz-Lüge, da hatten wir uns nun wirklich genügend gestritten Tag für Tag, und so wollte er das jetzt also durchsetzen.
Und ich hab mir gedacht, so nicht, Freundchen, nicht mit mir! Ich hab dann also – Sie haben da ja als Lehrer immer einen gewissen Spielraum mit den Punkten, gewisse Möglichkeiten, und das war dann eben eine Fünf. Meine Güte, das hat der doch mal gebraucht! Damit er endlich mal diese Auffassung aufgeben sollte, damit er gesehen hat: Damit komme ich nicht durch. Den kürzeren ziehe ich selber.
Ja, und das hab ich dann tatsächlich erst hinterher gemerkt, daß es dann fast nur noch zu einer Zeugnisfünf reichen konnte in Geschichte und daß damit sein Abschluß flöten gewesen wäre. Das hab ich erst hinterher gemerkt, das war nicht beabsichtigt. Aber ich fand auch wieder, daß er ruhig seine Konsequenzen tragen sollte. Wenn sonst schon keiner eingegriffen hat.
Obwohl ich zugeben muß, daß ich mit der Reaktion absolut nicht gerechnet habe. Ich dachte, der nimmt das ganz cool. Der tut wenigstens so, das hatte ich erwartet.

Daß der mir dann also fast an die Gurgel gegangen ist, daß er mich regulär gewürgt hätte fast – das hat mich ehrlich überrascht. So hat der sich vorher nie aufgeführt.

Ja, ganz weiß ist er gewesen, als er die Fünf gesehen hat. Weiß wie ein Leintuch, er hat wohl gleich begriffen, was das hieß. Und dann ist er eben plötzlich explodiert, mir fast an die Gurgel, dann abgehauen.

In der Klasse sind tatsächlich einige gewesen, die haben gesagt, sie fänden es nicht gut. Das war so mehr ein Gemurmel, und es hat mich auch gewundert. Ich hatte nicht den Eindruck vorher, daß der Marco so besonders beliebt war. Aber das mit dem Abschluß fanden sie also wohl nicht gut. Jedenfalls hatten sie ziemlich eisige Gesichter, so kann man es nennen.

Ich habe mir dann also überlegt, daß es für mich ja immer noch die Möglichkeit gibt, es durch das Mündliche auszugleichen. Verstehen Sie, ich bin schließlich nicht nur an die schriftliche Note gebunden. Was ich da letztendlich aus dem Zusammenspiel von Schriftlichem und Mündlichem mache, das liegt ja ganz bei mir. Ich hab mir überlegt, daß ich es vielleicht doch noch für eine Vier reichen lasse. Wegen dem Abschluß.

Und der Marco hatte seinen Schock ja weg, verstehen Sie, darum ist es mir ja nur gegangen: daß der mal seinen Schock gekriegt hat.

Ich hatte gehofft, daß er daraus lernt. Aber dafür stand ich wohl zu sehr allein auf weiter Flur. Da hätten die Kollegen wohl mitziehen müssen.

Frank W., 32, Sozialarbeiter in der Jugendfreizeitstätte

Ja, an dem Tag – warten Sie mal kurz.
Ich hab euch doch gesagt, wegen dem Fußball, das klären wir nachher! Ihr seht doch, daß ich hier rede! Mann!
Immer diese Aufgeregtheiten. Warten können unsere Kiddis keine zwei Minuten. Keine Frustrationstoleranz, kein Bedürfnisaufschub möglich. Sie sehen ja selber.
Also, an dem Tag – das wissen Sie ja, da waren sie hier.
Nur kurz eben, aber da waren sie hier.
Ich hab das dann...
Glauben Sie, daß ich seitdem manchmal nachts nicht schlafen kann? Verrückt.
Wegen der Geschichte mit dem Bier.
Ich sag mir immer wieder, was die Gesellschaft versaut hat in all den Jahren, was die Schule versaut hat, was die Eltern versaut haben, wie willst du das denn auffangen, das geht ja gar nicht! Wobei die alle sich natürlich hinterher die Hände in Unschuld waschen...
Trotzdem bleibt die Tatsache, daß vielleicht zwei Menschen noch leben könnten, wenn ich mich einen Augenblick anders verhalten hätte. Wenn ich diesen

Satz nicht gesagt hätte, oder nicht in diesem Ton. Wenn ich sie nicht rausgeschmissen hätte an dem Tag.

An manchen anderen Tagen, das ist es ja eben, was mich so fertigmacht manchmal jetzt, da wäre das ganz anders gelaufen. Da hätte ich ganz anders reagiert, wenn ich sie da gesehen hätte mit ihren Bierdosen und Füße auf dem Tisch.

Wenn ich einfach besser draufgewesen wäre an dem Tag, nicht soviel Streß, dann hätte ich das locker geregelt gekriegt. Hab ich doch tausendmal! Das war ja nicht das erste Mal, daß sie uns hier ihre Bierdosen reingeschleppt haben.

Aber es ist nun mal verboten, und ich war einfach so kaputt an dem Tag, ich hatte mich schon den ganzen Nachmittag mit den Minis rumgequält, weil die Elke, die das eigentlich macht, war krank.

Ich hab die einfach rausgeschmissen. Ich konnte nicht mehr in dem Augenblick, verstehn Sie. Wie der Marco mir da entgegengerülpst hat, so ganz offen, die Dose hingehalten – ich war einfach schon zu kaputt.

Da sind wir ja drauf geeicht, Provokationen, die lassen wir ablaufen an uns, aber immer, das kann sich vielleicht keiner vorstellen, immer geht das eben auch nicht.

Ich hab sie einfach rausgeschickt. Ich hab nicht gebrüllt und nichts, ich hatte mich ja in der Gewalt, aber dafür, daß ich ihnen ganz locker die Dosen weggeredet hätte und sie mit irgendeinem blöden Spruch zum Billard geschickt – dafür hat es nicht mehr gereicht.

Das war kein besonderer Vorfall für uns, verstehen Sie. Da erleben wir doch ganz andere Sachen, täglich. Da hab ich doch hinterher keine Sekunde mehr drüber nachgedacht.
Und jetzt denk ich immer: Wenn ich in dem Augenblick anders reagiert hätte – zwei Menschen könnten noch leben.
Dabei ist das vielleicht Quatsch.
Vielleicht wären sie sowieso gegangen.
Mit solchen Spekulationen helf ich jetzt auch keinem mehr. Da sollte ich mich lieber an all die Ursachen halten, die klar auf der Hand liegen.
Aber trotzdem. Glauben Sie, daß ich nachts manchmal nicht schlafe?

Marco sagt, so hat er es gar nicht gewollt.
Einen Denkzettel wollte er denen geben. Angst einjagen wollte er denen. Die sollten endlich mal wissen, hier sind sie nicht gern gesehen.
Marco sagt, das finden doch alle. Marco kann Namen nennen von Erwachsenen, die auch so reden. Nur haben die keinen Mut.
Erwachsene reden.
Erwachsene kneifen.
Marco hat was getan.

Marco versteht nicht, warum alle jetzt gegen ihn sind.
Das Ganze war ein unglücklicher Zufall.
Er hat denen schließlich nur ein bißchen Angst einjagen wollen. Damit sie zurückgehen in ihr Anatolien. Das wollen doch schließlich alle. Aber die anderen reden ja nur.
Es war ein unglücklicher Zufall, daß das Treppenhaus aus Holz und so morsch war. Es war ein unglücklicher Zufall, daß ausgerechnet an diesem Abend die Kinder in der oberen Wohnung allein waren und die untere Wohnung war leer.
Vielleicht sollten diese Türken mal häuslicher werden. Die Eltern sind jedenfalls schuld.

Es tut Marco leid, daß es ausgerechnet zwei Kinder erwischt hat. Die hätten in Anatolien vielleicht noch ein schönes Leben haben können. Wenn die in Anatolien geblieben wären, wäre ihnen überhaupt nichts passiert.

*Aber Marco versteht die Aufregung nicht. Nicht, daß alle jetzt so tun, als ob sie Türken lieben. Wenn er das Gesülze jetzt hört, wird ihm kotzübel. Die haben vorher alle ganz anders geredet.
Es ist natürlich Pech für die Kinder.
Aber Marco hat jedenfalls eigentlich keine Schuld.*